A prueba de fuego

Superando momentos difíciles

Resiliencia personal

Clara Rojas

A prueba de fuego

Superando
momentos difíciles

Resiliencia personal

GRUPO
EDITORIAL
norma

www.librerianorma.com

Bogotá Buenos Aires Caracas Guatemala Lima México Panamá Quito
San José San Juan San Salvador Santiago de Chile

Rojas González, Clara Leticia, 1964-
    A prueba de fuego : superando momentos difíciles / Clara
Rojas. -- Bogotá : Grupo Editorial Norma, 2011.
    168 p. ; 23 cm. -- (Crecimiento personal)
    ISBN 978-958-45-3312-8
    1. Rojas González, Clara Leticia, 1964 - Secuestro - Relatos
personales 2. Autoayuda y superación 3. Autorrealización
 (Psicología) 4. Habilidades para la vida I. Tít. II. Serie.
158.1 cd 21 ed.
A1283685

                    CEP-Banco de la República-Biblioteca Luis Ángel Arango

Primera edición: abril de 2011

Impreso por Editora Géminis Ltda.
Impreso en Colombia – *Printed in Colombia*

Fotografía de cubierta, Djgis / Shutterstock
Diseño de cubierta, Paula Andrea Gutiérrez
Diagramación, Blanca Villalba Palacios

ISBN.: 978-958-45-3312-8

Quiero dedicar este libro a mi pequeño hijo Emmanuel
(Emmanuel significa "Dios con nosotros"),
y con él a los niños, niñas y jóvenes del hoy y del mañana.

A mis lectores:
Este libro está escrito desde el alma. Condensa y sintetiza
muchos momentos de reflexión, de experiencias vividas,
de melancolía superada, en suma, de energía
positiva pura. Espero que llegue a todos y cada uno.

Agradecimientos

Quiero agradecer muy especialmente al Grupo Editorial Norma, a la gran familia Carvajal, al equipo editorial y, por supuesto, al equipo comercial y de prensa. A todos, ¡mil gracias! por su trabajo y por la confianza y el apoyo que nuevamente depositan en mí. Sin duda constituye un gran aliciente para seguir reflexionando y escribiendo. Mil gracias a todos por su empeño y dedicación, por participar en este esfuerzo conjunto y hacer posible que este nuevo libro esté ampliamente disponible para los lectores.

CONTENIDO

A MANERA DE PRÓLOGO

¿• Por qué surge la idea de escribir y publicar un nuevo libro después de haberlo hecho con *CAUTIVA: testimonio de un secuestro* en abril del 2009?[1]

Este nuevo libro surge del interés de la gente, que me ha motivado y estimulado a seguir escribiendo, a compartir experiencias y puntos de vista, particularmente sobre el aspecto de *cómo* ha sido posible que después de una experiencia tan traumática y desgarradora como fue el secuestro —por parte de un grupo armado al margen de la ley (las Fuerzas Armadas Revolucionarias de Colombia, FARC) por casi seis años en las selvas del sur de Colombia— me encuentre bien, máxime que tuve mi

---

1 *Cautiva,* best-seller internacional publicado en abril del 2009, traducido en más de trece idiomas, editado múltiples veces, incluida una edición de bolsillo, en 20 países. En mayo de 2010, recibió el primer premio como mejor biografía y el segundo como mejor libro bilingüe de los International Latino Books Awards, en Nueva York.

hijo en semejante situación. ¿Cómo lo he logrado? ¿Qué me ha permitido seguir adelante en la vida?

Este nuevo libro se venía gestando en mi mente y en mi corazón de tiempo atrás. En septiembre de 2009, en uno de los viajes para presentar mi libro *"Cautiva"*, me encontraba en Ámsterdam, Holanda, navegando por el río que atraviesa gran parte de la ciudad, el Biennenamstal, acompañada del equipo editorial en ese país, atendiendo una invitación suya para disfrutar la ciudad y cenar calmadamente después de un intenso día de entrevistas con los medios de comunicación.

De pronto, me sentí como un escultor con su cincel frente a la piedra, lista para empezar a escribir, y así se los manifesté. Ellos se encantaron con la idea, y por supuesto me animaron a que en algún momento cercano pudiese concretarla. Me sentí muy animada de soñar con la idea de escribir nuevamente, quizá porque me encontraba en la cuna de los escritores de casi todo el mundo. Ámsterdam es una ciudad que ciertamente recibe muchos escritores y en ella hay librerías con textos muy variados en un sinnúmero de idiomas. Incluso, estaba hospedada en un hotel muy tradicional, en el cual muchos escritores se alojan y dejan como recuerdo y huella de sus pasos sus libros dedicados y firmados para la gran biblioteca.

Pasados unos cuantos meses, una vez concluidas las giras y los extenuantes compromisos de promoción y difusión de mi libro, me senté en mi casa, en las afueras de la ciudad de Bogotá, en mi mesa de trabajo, para revisar y releer las notas sobre aquellos viajes. Encontré en las diversas preguntas un interés permanente en saber cómo estaba. Todos estos elementos, junto con los comentarios de la gente en la calle o en reuniones, que espontáneamente se acercaba a saludarme, me hicieron pensar en hacer el esfuerzo de reflexionar con calma sobre sus inquietudes y en escribir sobre el particular.

Por ello, desde el mes de mayo de 2010 me senté diariamente en mi escritorio, en mi mesa de trabajo, por unas cuantas horas, sin interrupciones, para ir tratando de identificar y dilucidar lo que yo consideraba que me había funcionado en mi empeño por salir adelante y superar definitivamente todo lo que implicó el secuestro. ¿Dé donde debía partir? Pronto entendí que debía partir desde el momento en que los primeros periodistas me hablaron sobre la *resiliencia*. No sabía yo en aquella época lo qué significaba el término, pero me llamó la atención su sorpresa por verme bien y tener la tranquilidad de alma y de espíritu para sentarme a hablar con ellos, por horas, de todo un poco, casi que sobre lo divino y, particularmente, sobre lo humano.

Poco a poco, investigué el tema y leí muchos libros, sin pretender volverme experta. Logré obtener muchos elementos de juicio que me ayudaron a entender muchas cosas y me brindaron claridad con respecto a mi propia situación personal y a mi existencia.

También descubrí pronto una forma de expresión a través de la escritura, un nuevo talento por desarrollar, y quizá por ello me encuentro ante el desafío de escribir un segundo libro. Este escrito, en la forma en que está concebido y publicado, intenta responder a la pregunta puntual de *cómo he logrado salir adelante*.

Este nuevo libro no es una versión revisada de *Cautiva*, ni completa partes de ningún tema que hayan podido quedarse en el tintero, ni compila nuevos hechos o situaciones sobre la experiencia pasada del secuestro. Tampoco busca responder ataques directos o velados de antiguos compañeros y compañeras de infortunio, o de terceros que se han visto involucrados por su voluntad, o por la de terceros, con mi historia personal.

Este libro tampoco es la última revelación científica sobre la *resiliencia*, ni intenta ser un libro de autoayuda, a pesar de que de manera eventual se pueda catalogar dentro de ese género de libros. No, nada de eso.

Este nuevo libro solo intenta responder en forma modesta a la inquietud de muchos de saber y entender cómo lo he logrado, cómo he podido dejar atrás todo aquello que significó el secuestro. La realidad es que transmite una experiencia personal de vida, las cosas que fundamentalmente considero que me han funcionado en estos últimos tres años, en los cuales, desde que recobré nuevamente mi libertad, empecé a renacer, a vivir una nueva vida, a reencontrarme con mis seres queridos —mi hijo en particular, mi familia y amigos—, a volver a vivir en mí país y a viajar por el mundo como cualquier persona en circunstancias normales.

Soy consciente de que cada individuo decide cómo llevar su vida y cómo decide usar su libertad y particularmente su libertad de expresión. De tiempo atrás escogí el camino de la tolerancia del otro, del respeto por su dignidad, su intimidad, su vida privada y su nombre, pues los considero y reconozco como valores y, además, como derechos fundamentales e inalienables de la condición y personalidad humanas. Ojalá en nuestra sociedad contemporánea estos valores se mantengan y se protejan realmente, de manera que haya una mayor conciencia colectiva de respeto mutuo.

Más allá de estas consideraciones, tengo bastante margen para escribir como, sin duda, lo han hecho tantos. Quiero transmitir una experiencia desde un punto de vista más constructivo, que quizá pueda servir de referente a muchos, en todo o en parte, para afrontar sus propias existencias y experiencias de vida, en las situaciones u obstáculos que el trasegar en la vida les pueda deparar, cualquiera que sea el tipo de imponderable que se les pueda presentar, que los ponga a prueba, al límite de sus facultades físicas, emocionales e incluso morales.

También soy consciente de que del dolor hay lecciones que se pueden aprender. Ese conocimiento surge de una experiencia de vida que se puede y debe trascender, y que de alguna manera puede servir para dignificar la condición humana, y no al contrario. Por eso he decidido compartir mi experiencia de vida en lo que considero puede ser útil a otras personas para afrontar sus propias experiencias vitales, en situaciones adversas y en el límite, como pueden ser la muerte de un ser querido, una enfermedad terminal, hechos fortuitos de la naturaleza —inundaciones, terremotos, incendios—, desplazamientos forzados o no a otras ciudades y países —en los cuales casi que hay que volver a comenzar—, el despido de una empresa o la pérdida del empleo, situaciones todas ellas adversas y difíciles como el secuestro.

Del dolor se puede aprender, y del dolor de otros también, y lo que tengo que expresar a este respecto es que ya no parece pertinente perpetuarse como víctima y señalar al otro como culpable "el infierno es el otro"—, en términos de Jean-Paul Sartre. Es hora quizá de asumir las propias responsabilidades por nuestras propias actitudes, decisiones, acciones, pronunciamientos y toda la cadena de causas.

Nos encontramos en pleno siglo XXI, en que el ser humano ha evolucionado y seguirá evolucionando a velocidades incalculables, justamente porque hace mucho, en esta aldea global, se ha vuelto proactivo, las más de las veces, frente a las situaciones que se le presentan. Se trata de tomar conciencia de sí y de la capacidad de lograr una *resiliencia personal,* de ser libre para escoger el camino. Es un nuevo enfoque de libertad personal.

Como ya anoté, del dolor se puede aprender y, dependiendo de la actitud que se asuma frente a una determinada situación, es posible continuar por el camino de la vida, dejando atrás cadenas y obstáculos, aunque estos ya solo estén en nuestra mente o en nuestro corazón.

Por supuesto, todas las decisiones son personales e individuales. Cada uno de nosotros es quien afronta la vida como se le presenta. No es el amigo, es uno mismo a quien le corresponde tomar las decisiones que competen a la propia existencia.

Y quizás esta ha sido una de las claves para mí: tomar conciencia de que la libertad personal empieza y termina en mí misma, por la clase de pensamientos y sentimientos que me permito albergar en mi corazón y con qué ocupar mi mente.

Ser feliz, es sin duda, una decisión de vida, a pesar de todo.

A manera de constancia, quiero anotar que he tenido la fortuna de nacer y vivir en un país como Colombia, donde los desafíos se nos presentan a diario a la gran mayoría. No creo exagerar si afirmo que este país, y quizás este continente latinoamericano, son un semillero de *resiliencia personal*. No soy yo la única persona, la única mujer ni la única madre que ha tenido que afrontar una situación difícil y compleja y ha podido continuar su vida. Situaciones difíciles y complejas nos han tocado afrontar a muchos, quizás a miles o millones por muchos años. Las hemos tenido que afrontar como se nos han presentado, y hemos decidido seguir viviendo con la sonrisa en el corazón y el pensamiento en el presente y en el futuro por delante, que es el de nuestros hijos. Por eso he dedicado este segundo libro a mi pequeño hijo Emmanuel y a las generaciones que él representa, para que se sientan orgullosos de su país, de su gente, de su tierra y, además, para que puedan tomar conciencia de que la vida nos depara obstáculos mayores o menores en algún momento, pero que el presente y el futuro lo construimos cada uno y todos en simultánea, diariamente, con nuestros pensamientos, actitudes, sentimientos y, por supuesto, con nuestro trabajo y nuestro compromiso de crecimiento como seres humanos, como comunidad, como país y como humanidad.

Cartagena de Indias, Colombia, lunes 10 de enero de 2011[2].

---

2 El 10 de enero del 2011 la autora cumplió tres años de haber sido liberada en la operación *Transparencia Emmanuel*.

VISIÓN DE VIDA

Muchas personas me han preguntado en qué momento decidí asumir la actitud que he asumido en libertad.

Quizá desde antes de obtener nuevamente la libertad, la visualizaba con alegría, con entusiasmo, con felicidad, con tranquilidad. Tenía un deseo inmenso de, al recobrar la libertad, recobrar también el entusiasmo por vivir la vida alegremente y de manera normal. En gran parte me animaba la posibilidad de brindarle alegría a mi hijo, alegría que yo misma debía sentir. Pronto entendí que no debía albergar rencores. La ilusión de mi hijo y la preocupación por buscar encontrarle un futuro más promisorio me hicieron inclinarme a pensar y sentir de esta manera, y a actuar en consecuencia.

Ya en libertad, mi madre me entregó un escrito que al parecer me había leído, al menos en parte, como mensaje radial en alguna madrugada de domingo, por allá en el año 2007. Creo que apenas si logré escucharlo, pero sus tonadas eran acordes con lo que yo había estado meditando durante el cautiverio en esas largas noches de silencio y oscuridad en las cuales recordé que yo, antes de haber sido secuestrada, no había sido una persona que me hubiese caracterizado por tener o estimular algún tipo de odio visceral por alguien en particular o por algún grupo en conjunto. Por el contrario, históricamente me había caracterizado por ser una persona muy firme, pero a la vez conciliadora y con una cierta flexibilidad de espíritu, incluso hasta para calmar a los más intemperantes. Fue una destreza que adquirí de niña, justamente por ser la menor entre cinco hombres: mi padre y mis cuatro hermanos mayores. Mi buen ánimo y la intervención oportuna sirvieron de acicate en las ocasiones más grises. También lo logré hacer en la época de colegio, donde respiraba un ambiente diferente del de mi casa, pues allí todas eran mujeres. Allí aprendí a moverme entre los distintos grupos de amigas sin generar mayor resistencia. Recuerdo que cuando era pequeña me apodaron *"Operación ja-ja"*, por mi buen humor. De manera que, de nuevo en libertad, me resultó relativamente fácil asumir una actitud más ponderada. Claro, leí y releí una y otra vez el mensaje de mi madre, en conjunto con otras lecturas, y las fui interiorizando, pero sin duda aquel mensaje fue el que más me caló en los huesos. Reza así:

¿Qué es la grandeza?

La tarea más dura que una persona puede afrontar es seguir amando a sus semejantes a pesar de todas las razones por las que no debiera hacerlo. El verdadero signo de cordura y grandeza es seguir haciéndolo. Para aquel que puede lograr esto, hay esperanza y abundancia.

(...)

Una de las trampas primordiales es ceder a la invitación a odiar.

(...)

Hacer la tarea propia sin enfurecerse con los que intentan obstaculizarlo es señal de grandeza... y solo entonces puede ser uno feliz.

Tratar de lograr cualquier cualidad concreta deseable en la vida es una cosa noble.

La verdadera grandeza simplemente rehúsa cambiar frente a las malas acciones en contra de uno; y una persona verdaderamente ama a sus semejantes, porque los comprende.

¿Por qué debería alguien cambiar y comenzar a odiar solo porque otros se hayan descarriado y sus destinos sean demasiado crueles como para que los afronten?

(...)

La verdadera lección es aprender a amar.

(...)

La felicidad y la fortaleza solo perduran en ausencia de odio. Odiar por sí solo es el camino hacia el desastre. Amar es el camino hacia la fortaleza. Amar a pesar de todo es el secreto de la grandeza.

Sería al menos ridículo negar que por momentos he sentido resentimiento o dolor profundo, incluso tristeza, melancolía y desesperanza, o presión por el estrés, todo lo cual me ha causado —por momentos— incluso males de estómago severos. Sin embargo, no he dejado que esos sentimientos me llenen el alma, ni los minutos, ni menos las horas ni los días. Por el contrario, cuando me reconozco así, de inmediato trato de nutrir mis pensamientos y mis sentimientos de manera positiva y busco renovar mi mente y mis pensamientos en el día a día. Salgo a caminar por el parque con mi mascota y mi pequeño hijo. Miro al cielo, respiro profundo y admiro la naturaleza y en particular los colores de las flores. ¡Me encantan! Doy gracias a Dios y vuelvo a mi casa, renovada. En otras ocasiones, simplemente escucho música frente a la chimenea, disfruto el fuego y el calor del hogar y miro cuentos infantiles con mi hijo.

Trato de recordar en forma constante las enseñanzas de la cultura milenaria oriental, en el sentido de que nos enseña que si de veras queremos crecer para evolucionar como seres humanos, debemos conocer y aprender de la historia, sin dejarnos atribular por ella. Debemos dedicarle el tiempo suficiente, solo para no olvidarla. Además, los orientales aconsejan hacer los mayores esfuerzos y emplear las mayores energías en vivir el presente y pensar en el futuro.

Dar gracias a Dios por haber recobrado la libertad es un ejercicio que hago a diario, casi antes de abrir los ojos, al despertar. Le doy gracias a Dios también por el milagro de haber recobrado a mi hijo, por encontrarme en mi casa, con mi familia.

Diariamente renuevo mi sentimiento de gratitud y hago consciente el hecho de estar viva, de estar bien. Este ejercicio diario lo he venido haciendo desde el primer momento en que recobré nuevamente mi libertad, quizá porque desde el primer día en que fui libre, despertar ha sido todo un acontecimiento, pues me reconocía —y aún lo hago— viva. Esa conciencia diaria de haber sido bendecida es sin duda el elemento que irradia gran fuerza vital a mis pensamientos, sentimientos y movimientos.

De manera que empiezo a ver la vida con todos los colores y a disfrutar las cosas lindas que se me presentan, como se presentan. Desde que el helicóptero nos recogió en aquella explanada, en un lugar que aún me es desconocido, mi vida cambió.

Recuerdo en particular el momento en que la nave se elevó después de habernos recogido, y empecé a ver la selva y el paisaje atrás. Sí, un paisaje bello, pero afortunadamente ya distante. Suena la música que me recuerda ¡qué bonita que es la vida! y alcanzo a percibir la calidez de la letra y un sabor más agradable. Pero debo confesar que pasaron muchos días, quizá semanas largas, hasta que logré realmente sentirme relajada y de nuevo en libertad.

Fue casi como un mes después cuando me encontré de vacaciones en el extranjero, frente al mar. Madrugué para escuchar el sonido de las olas del mar, ver volar las gaviotas a lo lejos y observar el bello paisaje. Apenas si amanecía y el sol empezaba a brillar sobre el mar azul. Sentí en mis pies descalzos la arena blanca. Era un hecho: ¡estaba libre nuevamente! Me sentía libre, nada me pesaba, nada me dolía, nada extrañaba. ¡Estaba libre de nuevo!

Mi mirada se alzó hacia el horizonte: ya solo debía pensar en el futuro. Sobre el pasado, solo volvería para trabajar por quienes aún no han podido recobrar su libertad. Respecto a mí misma, ¿qué debía pensar, qué debía sentir?

Me preguntaba qué era lo que más quería: ¡SER FELIZ!, brindarle a mi hijo espacios de tranquilidad, de seguridad, de sosiego, de plenitud en su niñez, de cariño. Brindarme a mí misma esto mismo, justamente para poder brindárselo a mi hijo.

¿Por dónde debía empezar? No tenía dinero, al parecer solo cuentas por pagar. No tenía trabajo. Ninguna institución o empresa me esperaba. Nadie velaba directamente por mí, en ese sentido. No tenía nada. Debía volver a empezar de cero. Con todo, estaba tranquila, tenía a mi hijo a mi lado, tenía el apoyo de mi familia, el inmenso cariño de mis compatriotas y un gran interés internacional en conocer, de primera mano, mi historia personal. Estaba relativamente bien de salud. Me senté frente a ese paisaje tan maravilloso y sentí el agua a plenitud. Ya empezaba a llegar gente a la playa. ¡Me alegré de estar viva! Sonreí con alegría. ¡Era una nueva vida la que tenía por delante!

En mi país estaba mi familia extensa. Allí debía empezar para no sentirme aislada, a pesar de contar con varias posibilidades de vivir en algunos otros países. Sentí que debía buscar mantener los lazos que tenía, mantener mis raíces mientras mi hijo crecía, y dejar tiempo también para volver a renovar las amistades en la medida de lo posible.

Decidí anticipar el retorno a mí país. Tenía muchas cosas que quería hacer. Mientras realizaba los arreglos del viaje, me quedaron algunos días para seguir disfrutando frente al mar y organizar y concretar mi agenda de actividades. También quería cumplirle a mi pequeño hijo la promesa que le había hecho el primer día del reencuentro (el 13 de enero de 2008) de llevarlo a Disney Word, al país de la fantasía, donde todos los sueños suelen convertirse en realidad.

Uno de mis primos mayores, que por esa época vivía en Tampa, Florida, Estados Unidos, con quien habíamos compartido unos días, me sugirió que al llegar a Orlando, justo a la entrada de la ciudad, parara en la iglesia María Reina del Universo. Me sorprendió su sugerencia, pues me llamó la atención que en una ciudad como esa, en la cual existe toda serie de actividades de recreación, hubiera un lugar así, y que a él se le ocurriese sugerirme visitarlo. Acaté su sugerencia sin reparo. En efecto, una mañana muy temprano llegué a Orlando acompañada de mi madre, mi hijo y algunos familiares y amigos. La iglesia estaba casi vacía, hecho que nos permitió recorrerla lentamente. Quede impresionada con su belleza, su modernidad, la luz en sus vitrales y los mosaicos especiales, alusivos a pasajes de la Virgen de Guadalupe. Sentí una emoción bastante fuerte. Mientras mi madre y demás compañía estaban frente a la hermosa fuente de agua bendita, me quedé un rato, abstraída, frente a la imagen de la Virgen María. Su luz y el colorido de los mosaicos me encantaron, al igual que la iluminación natural y la paz que allí reinaba. Algo, y a la vez todo, en aquel lugar me permitió quedarme en silencio por un largo rato, pensando, orando. Le pedí a la Virgen que me ayudara a manejar todo el dolor que había sentido. Que me ayudara de veras a transcender lo vivido. Le pedí que me preparara para ser capaz de perdonar, de seguir adelante con alegría. Sin más, dejé esa petición como en *stand by*, como aparte, en espera de cumplirla, y seguí mi viaje. Con el paso de los días, empecé a sentirme más liviana. Algo efectivamente estaba pasando en mi corazón.

Decidí enfocarme en todo lo terrenal. Lo principal fue, sin duda, centrar mi atención en todo lo concreto que debía atender en adelante y evitar al máximo los periodistas, pues su interés por momentos me resultaba malsano, tratando con frecuencia de hacerme volver atrás, al pasado doloroso y de cierta manera traumático, con sus preguntas, con sus comentarios, quizá sin pretenderlo. Al parecer no eran muy conscientes del dolor que generaban, ni lograban percibir la herida aún abierta y sensible, por cicatrizar. Muchos fueron solidarios y trataron de mostrarse sensibles, pero aún siento que falta fomentar una cultura del respeto por el dolor ajeno.

Para esa época era consciente de esa situación, pero también de que en algún momento tendría que afrontarlos, junto con sus preguntas y, por supuesto, que debía prepararme para ello. Pero no sentía que ese fuese el momento más apropiado. Aún me sentía aterrizando en mi nueva realidad.

Por su parte, mi familia fue excepcional, como si todos se hubiesen puesto de acuerdo. Ninguno me preguntó nada, ni quiso agobiarme en ningún sentido; parecía como si el solo hecho de estar viva fuese más que suficiente para ellos. La sonrisa y alegría de mi hijo les llegaron al alma, antes que cualquier asomo de palabra. Era como si lo hubiesen amado desde siempre. De manera que ya solo era cuestión de disciplinarme y atender todo lo concreto que tuviese al alcance de mi nuevo presente. Claro, tenía muchas cosas por hacer, eran cosas sencillas, pero había que hacerlas todas. Las escribí en una lista, a manera de listado de verificación, para ir sacando cada punto adelante, empezando por lo más obvio:

1. Ubicar dónde y cómo vivir.
2. Resolver los asuntos médicos de mi hijo y de mi madre, y los míos propios, sin dilación alguna.

3. Revisar el estado de mis asuntos personales: cuentas por pagar, préstamos e hipotecas pendientes, impuestos, servicios, etc.

4. Revisar y analizar las propuestas que me habían llegado para escribir un libro basado en mi experiencia y tomar una decisión definitiva a ese respecto.

5. Organizar a mi hijo en sus propias actividades, tanto de jardín infantil como de colegio futuro.

6. Acomodarme en mi incipiente papel de madre y padre, y actuar en consecuencia.

7. Tratar de buscar mantener pequeños espacios para mí misma, en el día a día, para reflexionar, para leer, o simplemente para descansar o tomar una ducha caliente con calma, de manera que no me dejara agobiar por las tareas pendientes, y

8. Empezar a trabajar en todo en forma simultánea.

EL PRIMER PASO

Por supuesto, tener una visión es muy importante, pero llevarla a la acción es lo que al final cuenta: "Obras son amores y no buenas razones".

Normalmente el primer paso es el más difícil, quizá porque demanda todo nuestro esfuerzo para lograr que la rueda gire o, mejor, que lo que queremos hacer se empiece a mover y por supuesto a ver. Ya había dejado mi dolor pasado en las manos de Dios, a través de la intercesión de la Virgen María. Atender en adelante lo concreto era lo que me correspondía, y la única manera fue empezar a anotar todo para ir desarrollando cada uno de los puntos mencionados, en el siguiente orden de prioridades: definir y organizar el tema de la vivienda, resolver los temas de salud, revisar las cuentas y papeles, escribir un libro con mi testimonio, organizar la educación de mi hijo, desempeñar el papel simultáneo de madre y padre, encontrar mis propios espacios y… adelantar todo esto al mismo tiempo.

Definir y organizar el tema de la vivienda

De tiempo atrás yo tenía una casa en las afueras de Bogotá, en un municipio que antaño fue habitado por los indios chibchas, aborígenes de nuestro país, una cultura quizá milenaria. Aún se conserva una zona de reserva. Me atrae todo lo pintoresco que puede tener el municipio situado en las afueras de la gran ciudad, por su belleza típica, sus paisajes de sabana, el clima frío y seco. Sentía que estaba volviendo a lo mío y me animaba mucho, por muchos factores, de manera especial por la tranquilidad que allí se respira. Mi hermano había logrado arrendar la casa durante una buena parte del tiempo en que estuve en cautiverio. Solo debía verificar el estado de la hipoteca y revisar una ley que existe a favor de las personas que han sido objeto de secuestro, que permite la congelación de los pagos hasta recobrar la libertad, e incluso algunos meses después. De manera que era cuestión de que los inquilinos entregaran la casa y la pudiese arreglar y pintar, entre otras cosas. Efectivamente así se hizo. Pensar en arreglar mi casa me hizo sentir plena, así como escoger las pinturas para el cuarto de mi niño, los cuadros de la casa, recobrar mi mascota labrador chocolate. En fin, me alegró sentirme en plan de organizarme y de poder brindarle a mi hijo un hogar para vivir, en el cual tuviese su propio cuarto, sus propias cosas. Recuerdo el primer día en que dormimos allí, entre las cajas por desempacar. Creo que era la víspera del Día de la Madre, en mayo de 2008. Nos dimos a la tarea de prender la chimenea y preparar *masmelos* para mi pequeño hijo. Aquella fue una sensación maravillosa: ponernos la piyama y disfrutar del calor del hogar, a pesar del desorden natural de las cajas y el trasteo aún por abrir.

Durante esas primeras semanas fue muy agradable empezar a gozar de la cercanía de las montañas, el río, el bosque nativo, el olor del eucalipto principalmente, pero también la flora blanca y amarilla de los saucos y el bello follaje de los nogales. Me dio gran alegría descubrir en el antejardín un par de rosales y arbustos de buganvilia de color fucsia y violeta que uno de mis hermanos me había obsequiado con mucha anterioridad, tal vez unos diez años antes, cuando había adquirido la casa. Pero sin duda, una de las cosas que más disfruté fue reorganizar de nuevo mis libros y mi biblioteca, la cual mi madre me había guardado con especial cuidado. Encontré la mayoría de los libros, algunos pendientes de ser leídos, otros subrayados. Le abrí un espacio a los cuentos infantiles de mi hijo, y claro, al televisor y la consola para el Wii para que pudiese ver los dibujitos animados y operar los videojuegos con facilidad. Arreglar la cocina me demandó cierto tiempo, el suficiente para hacerla pintar con sus colores originales blanco y azul, tapicé los muebles del comedor auxiliar, mandé a fabricar una mesa específicamente para preparar galletas y para que mi hijo pudiese, en el patio interior, pintar o trabajar la arcilla y la plastilina de colores. Este lugar debía compartirlo Emmanuel con *Gaviota,* mi mascota, con la que hizo muy pronto muy buenas migas. Mi madre accedió de muy buena gana a vivir con nosotros. También fue muy reconfortante contar no solo con su valiosa presencia, sino con su especial cariño y apoyo permanente a todos mis proyectos y los de mi pequeño hijo. Me sentí de nuevo en mi casa.

Resolver los temas de salud

Este era uno de los temas más delicados. Tuve que empezar por verificar que la póliza de medicina prepagada estuviese al día y, más aún, actualizarla para poder atender todo lo que pudiese presentarse. Mi mamá había tenido la feliz previsión, tan pronto tuvo noticia de que mi hijo Emmanuel era una realidad que caminaba y reía, de proceder a inscribirlo en mi seguro médico desde diciembre de 2007. Fue cuestión de tiempo concertar las citas médicas para continuar los chequeos que habíamos iniciado en Caracas desde que me liberaron y hablar con cada uno de los médicos. Como resultado de estas diligencias obtuvimos sendos diagnósticos, según los cuales los tres deberíamos pasar al quirófano. Mi madre era la que requería mayor atención y prioridad, pues su situación ya era de vida o muerte; luego iría yo y, por último, mi hijo.

Nos encomendamos a Dios de veras, pues requeríamos de tranquilidad y de confianza en que todos los procedimientos que había necesidad de practicársenos salieran bien. Acordamos, en conjunto con el equipo médico que había venido atendiéndonos, un cronograma de cirugías, una detrás de la otra, con un intervalo de un mes entre ellas, dando pie para que cada uno de nosotros tuviese tiempo de recuperarse y enfrentar la siguiente. Mi madre se operaría en abril de 2008, yo en mayo y mi hijo en junio. Este cronograma permitía que mi hijo tuviera al menos dos meses para recuperarse antes de entrar a su colegio en los primeros días del mes de septiembre.

Debo confesar que, en su momento, conocer el diagnóstico de mi madre me preocupó enormemente. Fue muy difícil para mí tener que afrontar aquello, pues apenas si había acabado de recobrar la libertad y a mi hijo. Sin embargo, era lo más importante por resolver. Aquella enfermedad, suponía yo, era el producto del dolor que le había causado el que yo hubiera estado secuestrada por tanto tiempo. Es posible que así fuera, aunque los médicos decían que ya venía incubándose de mucho tiempo atrás. Era obvio, al menos para mí, que había sufrido un desgaste enorme en esta última etapa de su vida, en la cual ninguno de nosotros podría haber avizorado que le correspondería afrontar una prueba tan dura a sus 70 años. Yo no podía dejar engendrar en mí ningún sentimiento de parálisis o escape. Era consciente de que tenía que estar muy presente en todo lo que ella pudiese necesitar. Me encomendé a Dios para que me diera esa fuerza, y le doy gracias de que me la dio, pues la decisión de operarla tan pronto había que resolverla sin ambages; era obvio que no había alternativa. De hecho, yo estuve muy preocupada: a mí madre tendrían que intervenirla en los días siguientes, en una operación del alto riesgo. Por supuesto, fue una situación emocionalmente compleja que tuve que vivir. Le avisé a mis cuatro hermanos la situación y los invité a una consulta con el médico, para que ellos escucharan de primera mano el diagnóstico y le hicieran las preguntas necesarias. Todos se sintieron capaces de escuchar al médico, de manera que pudimos compartir la misma información y estuvimos conscientes de lo que eventualmente podía ocurrir. Al terminar esta reunión con el médico, y con la presencia de mi madre, me correspondió firmar el consentimiento, como acudiente, para que se llevara a cabo la operación en los próximos días. Mi madre y yo habíamos alcanzado ya la tranquilidad necesaria para hacer frente a la situación, en parte por haber compartido todos los momentos en que se nos practicaron los exámenes médicos para determinar el diagnóstico correspondiente a cada una y, en parte, porque durante ese corto tiempo de reencuentro pudimos entender la necesidad de no aplazar ninguna decisión. Había que afrontar la operación quirúrgica sin dilaciones. Ambas entendimos pronto qué había que hacer. A mis hermanos se les notaba más ansiosos, como era natural: apenas estaban empezando a escuchar y a dimensionar lo que se venía por delante. Por fortuna, a la salida del consultorio médico nos encontramos con mi hijo, quien venía de su jardín infantil. Su alegría nos ayudó a superar el momento y a pensar más bien en comer algo.

Cada uno volvió a la suyo. Esa semana en particular, mi madre y yo tuvimos un conjunto de emociones encontradas. Cada día ocurrió algo importante: no solo se trataba del tema médico, sino de una serie de otras situaciones, sobre todo emocionales, que siguieron poniéndonos a prueba.

Al día siguiente, después del desayuno, llevé a mi hijo, como de costumbre, a su jardín infantil, y posteriormente realicé algunas diligencias pendientes, entre otras, comprar algunas cosas para su cumpleaños. Cuando regresé, cerca del mediodía, mi madre estaba lista para salir y vestida totalmente de negro.

—Mamita —le pregunté—, ¿a dónde quieres ir?

—Al cementerio —me respondió. Me quede fría.

—Pero no, no, ¡tenemos afán...! —le dije.

Me explicó con calma que se trataba del funeral de una prima hermana suya, de quien recién le habían avisado su deceso. Quedé doblemente fría. No me pareció apropiado llevar a mi mamá a un sepelio dos días antes de una cirugía como la que tenía prevista. El impacto emocional, de por sí duro, sería más fuerte. De hecho el médico nos había recomendado tranquilidad y quietud en lo posible. Por coincidencia me había quedado sin carro —necesitaba una reparación mecánica— y estaba lloviendo, y no quería que le fuese a dar siquiera una gripa. Le propuse efectuar el saludo de pésame a la familia más adelante. Mi mamá se calmó y accedió a mí propuesta.

—Mamita, yo sé que es muy importante para ti, y cuán doloroso es, pero necesitas estar tranquila, hacer el esfuerzo de descansar y prepararte para tu siguiente paso. ¡Todos te queremos mucho, te necesitamos!

Le sugerí que, ya que estaba lloviendo, nos pusiéramos los tres la piyama (mi hijo también) y viéramos televisión en su cama, que es muy grande. A mi hijo le encantó el plan. Pedí un calentador eléctrico, ya que por aquella época aún estábamos alojándonos en un hotel, en espera de que nos entregasen la casa.

Esa tarde nos confirmaron del Palacio de Nariño que el presidente Álvaro Uribe y su señora esposa, doña Lina Moreno, nos recibirían a la mañana siguiente. Días atrás yo había pedido una cita para ir a verlos. De hecho quería agradecerles personalmente su gestión y la facilitación autorizada para mi liberación, además de todo lo referente a la entrega de mi hijo, en especial la premura con la que las autoridades lograron identificarlo y el cuidado especial y la protección que le dieron en el entretanto. Además, quería solicitar su consentimiento para ir a ver en la prisión a alias Martín Sombra, uno de mis carceleros en tiempo del secuestro por parte de las FARC. Este personaje me había hecho llegar a través de varios periodistas el mensaje de que quería hablar conmigo. Confieso que no fue algo que me animó de buenas a primeras. De hecho, me costó cierto trabajo tomar la decisión de ir a verlo. Solicitaría la autorización al Presidente, convencida de que aquel sujeto podría eventualmente ser un puente para buscar la liberación de otros secuestrados, en particular, de mi antigua compañera de infortunio, Ingrid Betancourt, que para esa época aún seguía secuestrada, además de un conjunto de al menos 25 uniformados, incluido el entonces coronel Luis Mendieta, y los tres ciudadanos estadounidenses. Le manifestaría al señor presidente Uribe esta situación y, si aceptaba, yo iría, aunque a regañadientes, al lugar de reclusión, lo escucharía y haría el esfuerzo de establecer el contacto con el Comisionado de Paz de aquella época, Luis Carlos Restrepo.

Esa mañana nos levantamos temprano, como era usual. Mi mamá y mi hijo insistieron en querer acompañarme, lo cual me pareció lindo de su parte. De camino a Palacio por la ruta circunvalar que bordea el cerro y atraviesa parte de la ciudad, mi hijo se mareó por tanta curva, e infortunadamente trasbocó lo que había desayunado, justo a la entrada de Palacio. De inmediato, de urgencia, llegaron varios médicos militares a atenderlo. Me sentí abrumada. Uno de los asesores del Presidente que estaba allí para recibirnos lo tomó en sus brazos muy cálidamente y lo limpió. Me tranquilizó mucho su actitud, y creo que al niño también, lo cual me permitió despedir y agradecer a los socorristas su diligencia, pues ellos, muy solícitos, habían llegado de inmediato.

Nos dirigimos al despacho del Presidente, quien al parecer ya había sido advertido del percance. Cuando me vio, me saludó con gran amabilidad, al igual que a mi madre y, por supuesto, a mi pequeño hijo Emmanuel. No era la primera vez que nos veíamos; de hecho ya nos habíamos encontrado en dos ocasiones anteriores. La primera vez, recién liberada, a la tarde siguiente de haber llegado a Colombia, tuvo el generoso gesto de ir a verme a mí y a mi familia, junto con algunos de los miembros de su gobierno. La segunda oportunidad se dio, apenas unas semanas antes, en España, en el Palacio de la Moncloa, con el presidente español José Luis Rodríguez Zapatero, en una audiencia especial a la que este tuvo a bien invitarme. Tuve, en aquella ocasión la oportunidad de departir por unos breves minutos con ambos presidentes, quienes me invitaron a comparecer, con ellos, ante la prensa. Por lo tanto, la tercera reunión en Bogotá fue muy agradable. El propio Presidente acomodó a mi pequeño hijo en su sillón y le ofreció una cola-cola para que pudiera reponerse de la deshidratación. Mi niño se quedó reposando y escuchándonos con atención. La conversación transcurrió de manera muy agradable. Le expresé al Presidente mi agradecimiento por su decisión de haber ordenado la suspensión de los operativos militares en el lugar previsto para la entrega, todas las gestiones para dar con la identificación de mi hijo y las medidas de protección que adoptó para él mientras nos reuníamos de nuevo. Posteriormente, el Presidente hizo llamar al Comisionado de Paz, lo cual me permitió abordar con facilidad el tema de la autorización para ir a ver a "Martín Sombra" a su lugar de reclusión. Manifestó su total acuerdo con que yo adelantase esa gestión y coordinara con el Comisionado lo que fuese pertinente. Nos despedimos y le agradecí en especial su calidez con mi Emmanuel. Me hizo sentir como una hija, como una miembro de su familia; fue muy especial. Pasamos enseguida al despacho de la Primera Dama, quien ya nos esperaba. Yo la había visto brevemente el día en que llegué a Colombia recién liberada; ella tuvo el generoso gesto de ir a recibirme al aeropuerto, acompañada del entonces Ministro de Defensa y hoy Presidente de Colombia, Juan Manuel Santos, el Comisionado de Paz, Luis Carlos Restrepo, el Ministro de Salud, Diego Palacio, el Alcalde Mayor de Bogotá, Samuel Moreno, y su señora, Cristina de Moreno, la Directora del Instituto Colombiano de Bienestar Familiar, Elvira Forero, el Defensor de Familia y otros funcionarios de ese instituto, además de algunos mandos militares. Mi madre y doña Lina ya se conocían. Se habían reunido en algunas ocasiones. Le manifesté mi sentimiento de gratitud por su apoyo en mi ausencia, en especial para con mi madre. El saludo entre ellas fue muy emotivo; mi madre le había llevado una medalla de la Virgen de Almudena, de España, en agradecimiento. Fue sin duda una visita corta, pero muy especial y emotiva en todos los sentidos, y particularmente tranquila, pues yo les había pedido que no se avisara a la prensa.

Sin duda, para mi hijo y para mí fue un encuentro muy significativo, pero diría que en particular para mi madre fue muy reconfortante. Por supuesto, ninguna de las dos mencionó el tema de la operación quirúrgica del día siguiente, pero era evidente que la pareja presidencial estaba muy cerca de nuestros corazones. Su mirada reflejaba el alivio enorme del deber cumplido, del resultado esperado, casi como de un premio anhelado. Reinó allí, en aquellos momentos, total tranquilidad de espíritu.

Poco a poco el conjunto de nuestras emociones encontradas fue cediendo y dando paso a un ambiente más renovado. Ya nos tocaría en pocas horas la prueba más fuerte. Efectivamente, al día siguiente, casi de madrugada, uno de mis hermanos y yo llevamos a mi madre a la clínica para su operación. Recuerdo en particular el momento en que ella ya estaba por ingresar a la sala de cirugía y debíamos separarnos. Era el momento para insuflarle la mejor energía de espíritu y ¡desearle lo mejor! Mi hermano tuvo el lindo detalle de entregarle una imagen de la Virgen y decirle: "Mamita, tu amiga te acompañará en todo momento". Me conmovió el detalle, fue lindo de su parte. Recuerdo la forma en que le dijo aquellas palabras, con tanta ternura y cariño, que incluso para mí fue sorpresivo observar esos sentimientos y esa sensibilidad que de repente surgieron de manera tan espontánea. Me encantó reconocer a mi propio hermano en un gesto así. Se le escurrieron las lágrimas y, cuando alzó su cara, se sorprendió de verme tan serena, lo cual sin duda, le permitió reincorporarse pronto. Yo sabía que mi mamá necesitaba de todo el ánimo y la energía positiva que fuésemos capaces de transmitirle en ese momento, y por eso me había propuesto no llorar, ni siquiera a solas, a pesar de que el corazón se me contrajese. Sabía que su vida ya estaba en manos de Dios, y por supuesto de los médicos que iban a atenderla, por los cuales también oré. Sin más, con una sonrisa, le dije:

—Mamita, ¡Dios te proteja y te retorne con salud!, ya nos vemos en un rato.

Pasaron varias horas, durante las cuales yo alcancé a ir a mi casa en las afueras de la ciudad con mi hijo y con mi hermano para revisar las obras de pintura y arreglos que le estaban efectuando, pues no quise quedarme en la sala de espera de la clínica para contar los interminables minutos y permitir que la ansiedad y la zozobra me ganaran la partida. Quise más bien distraerme y llenarme de energía positiva y de entusiasmo, de manera que estuviera lista para lo que se presentase. Las horas pasaron rápidamente. Cuando ya estábamos de vuelta a la clínica, recibí la llamada del médico en la que me anunció que la operación había salido muy bien, que mi mamá se encontraba en la sala de recuperación y que despertaría en unos cuantos minutos. Sentí una paz enorme. Si bien sabía que la recuperación no sería fácil, ya había pasado lo más difícil. En efecto la encontré en la sala de recuperación despertándose, y en minutos la trasladaron a la habitación donde, con más calma, hablamos un poco. Me sorprendió su fortaleza de ánimo; quería comer algo. En aquel momento pensé: *Definitivamente mi madre es un ser excepcional, un ser de luz.* Ese fin de semana estuvimos acompañándola en la clínica.

Gaviota, mi perrita labrador, que me había esperado también durante mi cautiverio, también requería igualmente una intervención quirúrgica, pero yo la veía en tan buen estado, que en su caso preferí posponer su intervención. Tres años después el veterinario me confirmó que, de haberla operado en ese momento, con seguridad habría muerto. Sin duda, toda la situación vivida en la selva también me ayudó a despertar un sentido de la oportunidad, un ojo más que crítico, y por fortuna, en uno y otro caso, las decisiones fueron correctas. Mi madre salió muy bien y mi perrita nos acompañó y brindó su alegría y buena disposición en gran parte de estos últimos tres años, a pesar de sus achaques normales. Sin embargo, esos fueron momentos de tensión emocional muy fuertes para mí, así estuviese aparentemente tranquila. La procesión iba por dentro.

El lunes siguiente dieron de alta a mi madre y ya teníamos algo lindo en qué pensar: preparar el cumpleaños de mi pequeño hijo Emmanuel. Sería el primer cumpleaños juntos, en familia, ¡en libertad! Mi madre se recuperó lentamente, pues era obvio que aquello debía serle doloroso, por más acopio de buen ánimo que hiciese. Sin embargo, tuvo algo constructivo en qué pensar. Nos fue observando y sugirió cosas para el cuarto cumpleaños de mi niño, lo cual para ella representó también un aliciente de vida. Resolví preparar algo sencillo en el jardín infantil al cual asistía. Le llevé la torta y el helado para que compartiera con sus compañeritos a mitad de mañana, con bombas, confetis y su canción de cumpleaños. Al mediodía paseamos por primera vez por un centro comercial de la ciudad. Fuimos de compras, pues yo quería que tuviese un traje especial para su bautismo, que estaba *ad portas*. Me sorprendió el trabajo que me costó probárselo; no quería medírselo y no le gustó ningún color. Al final, y un poco a regañadientes, pues ya teníamos que ir a almorzar, aceptó probarse la chaqueta y la corbata. Claro, no era para ponérselo en ese momento, en el cual quería estar más informal. Me impresionaron positivamente sus destellos de autonomía, siendo tan niño aún. Almorzamos en un sitio muy agradable y algunas personas se acercaron a saludarnos. Otras querían abrazarnos. Casi no terminamos. Esa experiencia de caminar en forma normal por un centro comercial fue toda una novedad para los dos. Mi hermano estaba asombrado. Fueron momentos especiales. Con el tiempo me he ido acostumbrando a que me saluden personas desconocidas con mucha familiaridad; algunas nos piden fotos, otras autógrafos, otras simplemente lloran de la emoción. Yo lo he asumido con espíritu deportivo para no terminar llorando yo también, y hasta les he ofrecido pañuelos desechables. En general ha sido agradable, pero también simpático, pues algunos me han preguntado primero si soy *Clara Rojas*. El otro día, en un ascensor, un señor me lo preguntó, y antes de ni siquiera tener oportunidad de responderle, me dijo:

—Es que usted es igualitica.

Me dio risa, y le dije:

—¡No lo puedo creer!

El día del cumpleaños por la tarde estuvimos con amiguitos de mi niño y familiares, que pasaron a saludarlo y de paso a ver a mi madre y saber cómo iba recuperándose. Días más tarde fuimos al hogar del Bienestar Familiar donde me habían entregado a Emmanuel a compartir con los niños con los que había alcanzado a convivir, compartimos una torta y disfrutamos de unos payasos. Fue muy agradable, nos recibieron muy bien y me encantó ver a mi hijo tan desenvuelto y apreciar la forma como integró a los demás niños para participar de la fiesta y disfrutarla.

De manera que fuimos matizando la recuperación de mi madre con el tema de la fiesta infantil y lo que significaba para todos la alegría enorme de tener a Emmanuel con nosotros. Así fue transcurriendo ese mes. Hasta los últimos días fue intenso en emociones. Para el 24 de abril, mis antiguas compañeras de colegio habían organizado una misa de acción de gracias con ocasión de mi liberación, puesto que no habíamos podido reunirnos. Apenas unos días antes se me ocurrió llamar al colegio y preguntar si podría aprovechar la oportunidad para bautizar a mi hijo, máxime que los siguientes en turno de operación seríamos él y yo. A la directora del colegio le pareció fantástica la idea. Hubo necesidad de correr un poco para conseguir al párroco y a los sacerdotes de la

Conferencia Episcopal con quienes nos habíamos encontrado en el mes de febrero anterior en Estados Unidos. Por supuesto ellos de alguna manera se habían preocupado por buscar la liberación de personas secuestradas. Había que definir los padrinos. Mientras estuve en cautiverio siempre pensé que una vez saliera de él los más idóneos para ser los padrinos de mi hijo podrían ser mis dos sobrinos mayores, por su juventud y por el hecho mismo de ser familia. Cuando ya estuve en libertad, no dudé un minuto en llamarlos y preguntarles si querían aceptar. Ambos se sintieron muy honrados y, claro, aceptaron. Con el paso del tiempo esta decisión me ha parecido de lo más apropiado, no solo porque resultó ser un medio para afianzar los lazos familiares, sino además porque Emmanuel se ha sentido identificado con ellos por su juventud, por la belleza de sus almas y la nobleza de sus corazones, y quizá también por su parecido físico.

Pasada la ceremonia del bautismo de mi Emmanuel, me sentí bien y con gran fuerza interior. Sin duda, el cariño de mis amigas de colegio, sus risas y sus bromas generaron un ambiente bastante especial. Incluso participaron gran parte de mis antiguas profesoras. Descartamos hacer la celebración el Día de la Madre, para poder pasarlo en familia, en particular con mi hijo, pues sería el primer Día de la Madre que pasaríamos juntos y en libertad. Los periódicos *The Miami Herald*, *El Tiempo* y *El Espectador*, y la revista *Jet Set* quisieron destacar ese hecho en sus respectivas carátulas del mes de mayo.

Lo cierto es que tomé gran aliento para afrontar la siguiente prueba: la intervención quirúrgica que me debían practicar. No era una cuestión de vida o muerte como en el caso de mi madre, pero confieso que me costó recuperarme: me dolió física y emocionalmente.

Con el médico que me atendió habíamos resuelto de manera "ingenua", y con el objeto de aprovechar la anestesia general, que me podrían practicar dos intervenciones en una misma sesión, toda vez que yo seguía presentando un estado físico general muy aceptable. Pero la realidad es que estas operaciones en el abdomen y la vesícula, en simultánea, es decir, una inmediatamente después de la otra, requirieron más tiempo del esperado y al parecer los cálculos de la dosificación de la anestesia no fueron suficientes, de manera que cuando me desperté en la sala de recuperación sentí un dolor inconmensurable. Además, estaba congelada, temblaba con un frío que me calaba los huesos. Al instante se acercaron varias enfermeras a ver qué me ocurría. Con balbuceos apenas si alcancé a transmitir mi dolor. Recuerdo en particular la voz ansiosa y preocupada de la enfermera:

—Clara, usted es una mujer valiente, si ya pasó lo que pasó, ¡resista por favor un poco!

Se me escurrieron las lágrimas del dolor. En forma paulatina me fui quedando dormida. Más tarde volví en mí. Al frente tenía a mi hijo Emmanuel, a uno de mis hermanos y a mi mamá. Ya en la habitación llegaron otros familiares y el médico, quien consideró que debía quedarme unos cuatro días más hospitalizada. Yo quería salir pronto, ya no quería sentir más los olores de la clínica y las inyecciones, quería estar en mi casa con mi hijo, pero entendía que aún estaba muy débil y tenía que guardar reposo, para así recuperarme pronto, y que esa era la mejor solución. Los médicos y las enfermeras, como es natural, estuvieron muy pendientes de mi recuperación.

Dispusimos que mi hijo fuera a verme en las mañanas antes de ir a su jardín y volviera al mediodía para estar juntos, al almuerzo y parte de la tarde. Por fortuna transcurrieron rápido los días. Recuerdo en particular la actitud de mi pequeño hijo: apenas si acababa de cumplir los cuatro años y ya era muy consciente de la situación. Lo sentí muy aplomado, muy pendiente de todo. Me pintó cuadros en su jardín infantil y me los trajo como regalos cada día. Cuando me dieron de alta tuve que salir en silla de ruedas, pues apenas podía dar dos pasos. Él caminaba a mi lado. !Qué prueba!

Ya en mi casa, casi que automáticamente empecé a sentirme mejor. Volví a escuchar el cántico de los pájaros al amanecer. El aire sabanero y el paisaje de las montañas me insuflaron una nueva energía vital. No obstante, los efectos de la anestesia se dejaron ver muy pronto, y la realidad es que empecé a sentir como una especie de parálisis en la cadera que me impedía siquiera sentarme y mucho menos ponerme en pie. Tuve que permanecer quieta, inmóvil, un par de semanas más. Me aplicaron unos antibióticos, pero el mayor requerimiento fue justamente no moverme, quedarme en cama para evitar que el cerebro se me llenase de aire. El susto fue enorme. La posibilidad de perder facultades que alteraran mi equilibrio físico me llevo a seguir de manera rigurosa las indicaciones médicas. Pero estaba en mi cama, en mi casa, en mi hogar.

Mi madre se dio a la tarea de hacerme una torta en forma de corazón. Mi hijo estaba tan pendiente, que él también quiso participar en el proceso de hornear. Lloré de emoción: fueron momentos muy particulares y reconfortantes al ver su cariño y atención. No se me permitían visitas, fueron largas horas. Traté de leer un poco y mirar televisión, cosa que no hacía desde muchos años atrás. También escuche música, disfruté de mi casa. Pronto estuve lista para pensar en el siguiente paso: la operación de mi hijo, que fue compleja, pero se recuperó más rápido que todos. Al segundo día ya estuvo en pie jugando y en casa.

Al año siguiente yo tuve que afrontar una tercera operación, una hernia inguinal, secuela del peso que tuve que cargar en la selva. En esta operación me fue mejor que en la anterior, pero igual estuve a media marcha unas tres semanas.

Y en noviembre de 2010 tuve que afrontar una cuarta operación, en la rodilla: tenía los ligamentos y los meniscos rotos. Practicando deporte hice un mal movimiento y quede paralizada de inmediato del dolor. En el momento de escribir este libro me estoy recuperando y al menos ya camino de nuevo normalmente; aún faltan algunas semanas para que pueda volver a hacer deporte.

Los dos primeros años de nuestra nueva libertad, mi hijo y yo tuvimos gripas continuas. Ambas rayaron en la bronquitis, pues al parecer llegamos de la selva con las defensas bajas, pero ya vamos adaptándonos mejor. El otro tema que nos correspondió atender fueron los controles dentales.

Después de la última operación, de la que salí bien, me pasó algo muy particular: en las primeras semanas sentí un desaliento enorme, al parecer por la acumulación de esfuerzo al haber tenido una actividad tan seguida e intensa en los últimos años. De manera que he procedido a hacerle caso a los médicos, a bajarle un poco al ritmo y tratar de controlar mayormente el estrés, de manera que el sistema digestivo no sufra tan seguido (en especial de estreñimiento y hemorroides), y gracias a ello me he sentido mejor. Algunas amigas me han dicho que parezco enamorada. Por supuesto yo entiendo que es una gentileza de su parte, pero la realidad es que me siento bien, ¡estoy contenta con la vida! y eso es lo que reflejo.

Revisar las cuentas y papeles

Esta no es tarea fácil. Hay que hacer acopio de mucha paciencia, energía positiva y método. Proceder a poner todo al día y cancelar lo que no se requiere. Este trabajo toma tiempo, pero igual hay que hacerlo, y hacerlo personalmente, de manera que se vayan poniendo, poco a poco, los pies en la nueva realidad. Asumí como norma ponerme al día en todo, pero con tiempo y en la medida en que fuese recibiendo los ingresos para ello. La decisión más sana fue no adquirir ningún tipo de crédito, ni siquiera aquellos de tipo rotativo para consumo, justo para no andar en carreras ni ponerme encima más presión de la necesaria.

Escribir un libro

Por fortuna, desde que me bajé del avión que me trajo a la libertad, me esperaban varias propuestas de diversas editoriales para que escribiera mi testimonio. Digamos que solo hasta finales del mes de abril de 2008 tuve la cabeza fría para leerlas y analizarlas una por una y decidir cuál podría ser la que más convendría. Tendría que pedir un tiempo —al menos seis meses— para escribir el libro. Me sentía ya en condiciones de comprometerme y aceptar el desafío de escribir mi propio testimonio, que sería publicado. Había decidido escribirlo, pero para esa época aún tenía temas médicos qué resolver, de manera que tenía que salir de todo ello y de lo logístico para poder sentarme y tener la calma suficiente para escribir mi libro. En julio de 2008 estuve lista para firmar el contrato con la editorial, y en esa medida mi panorama organizacional estuvo no solo definido, sino claro al menos para el siguiente año, esto es, de julio del 2008 a julio o septiembre de 2009, pues además de escribir el libro, adquirí el compromiso de viajar a distintos países para presentarlo y eso me llevaría un tiempo.

Realmente para esta época yo ya había resuelto cosas básicas y se conjuraron varios factores:

1. Una importante editorial internacional se había anticipado a muchas otras para adquirir los derechos mundiales. Estaban dispuestos a brindarme apoyo para que yo expresara libremente lo que me saliera del alma. Estuvieron cerca, pero lo suficientemente distantes como para que yo tuviese mis momentos de reflexión, de duda y de reafirmación de mis propios pensamientos y emociones. Claro, su interés era publicar el libro a la mayor brevedad, pero supieron mantener la calma, darme un tiempo de espera y el espacio suficiente, al estilo de un amante maduro, para que yo también pudiese tener la tranquilidad y seguridad necesarias para lograr la suficiente concentración y darme a la tarea de escribir.

2. El segundo factor, que fue fundamental, consistió en que logré el clima, o mejor aún, el entorno adecuado para escribir. Como en una cita amorosa, quise darme el espacio para prepararme, es decir, para organizar todos los temas médicos que ya anoté, mis asuntos personales y organizar la educación de mi hijo. Organicé lo de su jardín infantil,

gracias a la sugerencia oportuna de la Directora del Instituto Colombiano de Bienestar Familiar y, posteriormente, lo de su colegio "grande", gracias a algunas buenas amigas que me acompañaron a visitar y escogerlo, de manera que él también pudiese empezar a tener sus actividades propias, como los demás niños de su edad, en septiembre de 2008.

3. El tercer factor fue haber tomado las riendas de mis asuntos casi de manera inmediata y haber aliviado a uno de mis hermanos de esa tarea. Él logró arrendar mi casa durante gran parte del periodo de cautiverio y procedió a avisar a los inquilinos que yo había vuelto y que necesitaba tener dónde vivir.

4. El cuarto factor fue haber recibido el apoyo económico, en esa primera época, de una importante empresa privada colombiana que desde los primeros días de mi liberación decidió entregarme una donación mensual para que yo pudiese atender lo básico mientras lograba reorganizarme y empezar a percibir nuevamente mis propios ingresos. Las necesidades básicas de mi hijo también fueron cubiertas por parte de un conjunto de personas y empresas que de manera espontánea me obsequiaron juguetes, libros, música, ropa. Recuerdo en particular —quizá no había pasado más de tres días de nuestro reencuentro— cuando me

llegaron varias bolsas de parte de la gerente de un almacén de ropa para niños. Tenían de todo: piyamas, zapatos, medias... Se lo agradecí enormemente, pues no tuve que salir de compras en esos primeros días, lo cual confieso, me abrumaba por momentos la sola idea. Fueron gestos lindos y generosos de personas que quisieron hacerse presentes, casi que como si fuéramos miembros de su familia, y sin atosigarme. También recibí cuadros hermosos bordados a mano, en punto de cruz, con oraciones inscritas con el nombre de mi Emmanuel. Una señora pintó un cuadro al óleo, de más de un metro de altura, con la figura de un niño; otras señoras me enviaron ropa tejida a mano, sombreros de lana hermosos, para el frío, el nido para su cama, cuentos y música infantil, rompecabezas, marcadores. En fin, múltiples obsequios que en su momento me llegaron al alma y que recuerdo con gran cariño.

Todos estos factores, sin duda, facilitaron mi entorno físico y emocional en todos los sentidos y me permitieron estar en condiciones emocionales y especialmente de tranquilidad espiritual para contar con la fuerza necesaria para empezar a escribir mi propio testimonio, que sería plasmado en un libro. Incluso alcanzamos a ir al sur de España para descansar de todo el tema médico, durante unas cuantas semanas, antes que mi hijo inicia-se su colegio grande. Sin duda, todas las piezas fueron encajando, una a una, poco a poco, para ir armando ese rompecabezas y, por sobre todo, para tener el espacio físico y la tranquilidad emocional necesaria y suficiente para escribir y para poder hacer el esfuerzo de poner en claro toda aquella turbulencia en la cual había estado forzadamente inmersa. A finales de julio de 2008, cuando al fin se firmó finalmente el contrato de edición, yo ya tenía al menos un bosquejo preliminar de lo que podría ser el contenido del libro.

Me tracé una fuerte disciplina. Los múltiples ayunos que había hecho en la selva me sirvieron de base para fortalecer mi voluntad, pero en particular la de trabajar. Poco a poco, en esas semanas de playa en España, fui pensando en cómo ir dándole forma y contenido a mi libro. Hice trazos aquí y allá, como si se tratase de una pintura, escogí los materiales, es decir, los temas, y empecé a escribir unos cuantos párrafos.

Emmanuel me dijo que quería volver a Colombia. Me encantó que tuviese deseos de volver a su casa, a su cuarto, a sus cosas, a reencontrarse con su familia, con sus amiguitos. Extrañaba todo, hasta la comida, a pesar que en el lugar donde estuvimos lo consintieron de maravilla e incluso le tenían panecillos recién horneados para el desayuno. En fin, ya era hora de darle la cara a esa realidad del secuestro que había vivido.

De regreso me impuse una disciplina de trabajo de casi doce horas diarias. Dividía el día en tres etapas. En la primera, me levantaba a la una de la madrugada y trabajaba hasta las seis de la mañana. A esta hora hacía un receso para arreglarme, preparar a mi hijo para el colegio, tomar el desayuno juntos y ojear los periódicos. Luego retomaba el trabajo, a manera de segunda etapa, hacia las ocho de la mañana y hasta el medio día. Almorzaba, junto con mi familia, y descansaba un rato. En la tarde, y esta ya era la tercera y última etapa de trabajo, revisaba por un par de horas más lo escrito en el día, para dejarlo impreso y casi listo.

Esa época, durante la cual volví al pasado, se tornó de pronto muy difícil para mí. Mis emociones se exacerbaron, fueron intensas y diversas, volví a sentir soledad, aislamiento, añoranza, melancolías, dolor, tristeza, rabia, pesadumbre, miedo y hasta frío. Me "bajé de nota" demasiado al ir avanzando en la escritura del libro; es decir, mi ánimo se fue a pique. En realidad, llegué a sentirme realmente agotada. Volver a revivir todo aquello me dolió y me costó muchísimo. Mi madre, que me había visto tan feliz desde que me habían liberado, se preocupó enormemente, a tal punto que me alcanzó a decir que suspendiera todo aquello, que la editorial sabría entenderlo.

Suspendí mi trabajo unos cuantos días, me di un aire en el trabajo, días de respiro, los cuales coincidieron con la fecha de un foro sobre el secuestro que había organizado en Bogotá la Universidad del Rosario, y al cual había sido invitada por un grupo de estudiantes como expositora principal. Este foro sería la antesala a la gran marcha convocada para el día siguiente a favor de la liberación de las personas que aún seguían secuestradas.

Al día siguiente, viernes 28 de noviembre de 2008, antes de dirigirme a la Plaza de Bolívar para participar en la marcha estudiantil, atendí dos entrevistas con periodistas extranjeros. La primera con la televisión alemana: ellos estaban muy interesados en hacer una realización especial para Navidad con mi hijo, a lo cual accedí. La segunda, con una periodista de la edición española de la famosa revista *Vanity Fair*. Esta última entrevista no me dejó contenta, pues a pesar de que algunos me dijeron que les había gustado, yo quedé con la sensación de que algunos periodistas no respetan los silencios y presuponen y arman sus propias versiones a su acomodo. Ese día entendí la necesidad de escribir y continuar mi propio libro, con mis propias palabras, que reflejaran realmente mi propio sentir, mi visión sobre las diversas situaciones. Debía hacer el esfuerzo de concluir el libro; igual ya le había invertido bastante tiempo y energías, y no podía desfallecer al final.

A la semana siguiente continué mi trabajo de escritura. Pronto pude llegar al capítulo del *perdón*, el cual fue trascendente para mí en todos los sentidos. Empecé a recobrar mi energía vital y a sentirme de nuevo más liviana. Paulatinamente fui recobrando mi ritmo de trabajo y pude continuar trabajando los capítulos finales. Fue solo cuestión de pocas semanas.

Logré terminar, justo antes de la novena navideña, y cumplí así mi compromiso, no solo con la editorial, sino conmigo misma y con mi hijo. Envié ese texto final a la editorial, ¡y una vez más me sentí renovadamente libre! ¡Había enfrentado ese pasado tan tortuoso y había sobrevivido! Había cumplido mi tarea, mi testimonio estaba escrito, pero además tendría tiempo y tranquilidad para dedicarle las fiestas de Navidad a mi pequeño hijo. Tendría tiempo para ir de manera relajada a la sesión de fotos de la revista *Gente,* cuyos editores quisieron tenernos en la portada para su revista especial de Navidad, pero, quizá lo más importante, tendría tiempo para departir con familiares y amigos. Me sentí plena. A los pocos días, no habría pasado ni una semana, recibí el concepto positivo de la editorial. Me causó gran emoción. Todo el equipo había leído el libro y sus miembros estaban complacidos por el estilo propio que había logrado, incluso el tono y el ritmo del texto. ¡Había logrado cumplirles y cumplir sus expectativas editoriales! ¡Qué mejor regalo de Navidad! Era aquella la primera Navidad con mi hijo y mi familia, en mi casa. Me sentía realizada y mi rostro reflejaba la alegría que mi corazón albergaba y la gran satisfacción personal del trabajo cumplido. También tenía gran parte de la historia en blanco y negro para mi hijo, para sus días futuros de juventud y entendimiento.

Mi madre también disfrutó el final de aquel trabajo, pues durante el proceso también, creo yo, se vio agobiada por mi tristeza y mi dolor. Además conoció con detalle lo que su hija había tenido que padecer en aquellas selvas tropicales del sur del país, pues fue ella la primera persona que fue leyendo uno a uno los capítulos del libro a medida que los fui acabando de escribir; fue ella quien primero derramó sus lágrimas de sorpresa, pero también de alegría cuando logré al fin terminarlo. Siempre entendí su interés en querer leer poco a poco cada capítulo, y era obvio y natural que tuviese esa primera opción.

Escribir el libro fue un proceso terapéutico en el que me embarqué sin saberlo, y que en últimas resultó ser sumamente sanador. Tuve y quise afrontar toda aquella situación desde una nueva perspectiva que me permitió reconstruir mis sentimientos y emociones: la libertad y la calma del hogar, el clima y la tranquilidad necesarios. La idea general fue ilustrar al lector sobre la experiencia vivida. Sé que es posible que se me hubiesen quedado muchos detalles en el tintero y ciertas vivencias que, tiempo después, incluso recordé con mayor nitidez. El objetivo principal fue escribir para mi pequeño hijo la experiencia vivida, para el momento en que él pueda leer y comprender y, con él, las nuevas generaciones que representa, que también se vieron involucradas de alguna manera, pues esta singular experiencia de vida les había llegado a través de los medios de comunicación, esta singular experiencia de vida.

Adopté un criterio temático, más que cronológico, para no aburrirme yo misma y aburrir por ende a los lectores. El secuestro es una experiencia densa, compleja, desgarradora, pesada, monótona y también aislada, pues cada uno vive sus propias emociones. Escogí los hechos que más me impactaron, a medida que se fueron presentando, y sobre ellos versó cada capítulo del libro. El segundo criterio, y este también se convirtió en un nuevo desafío, fue que solo reflejaría mi historia personal, no la de los otros, justamente por respeto a ellos y a sus familias, y por comprender que mis impresiones sobre sus actitudes fueron solo mías y que sus pensamientos y sus acciones fueron solo de ellos. El tercer factor, sin duda, fue que pude responder también a la gran expectativa de muchas personas que querían conocer de primera mano mi testimonio personal, y la única manera de conectarnos, es decir, de llegar a ellos o de ellos llegar a mí, fue a través de un libro. Creo, en líneas generales, que los propósitos se cumplieron.

Desde mi propia percepción personal, lo fundamental de este libro fue que en el calor de mi hogar logré tomar distancia de lo vivido y que el relato, además de terapéutico, resultó más que sanador, pues la clave consistió en que no traté de recrear obsesiva y neuróticamente todos los acontecimientos de la experiencia como los recordaba, y ello me permitió, sin saberlo aún, ir fortaleciendo las semillas de lo que llamo una *resiliencia personal*.

Respecto al libro, también tuve que afrontar una segunda etapa: no solo se trataba de escribirlo, tenía que enfrentar la ronda de periodistas que me esperaba. En esa Navidad de 2008 visité varias librerías para ver qué libros nuevos encontraba y efectivamente hallé un libro novedoso, al menos para mí, y que me serviría para esta segunda etapa: *Coaching para dummies*. Lo leí con mucho interés, pues necesitaba nuevas herramientas para afrontar lo que se me venía por delante, que muy posiblemente no sería nada más ni menos que un proceso inquisitivo. El libro me ofreció muchos elementos para afrontar ese futuro hasta cierto punto incierto. Me recordó que tenía un gurú en mi interior, en todo momento y lugar, y lo más importante, que debía mantener el equilibrio para la acción. Quizá por ello tuve también tanto éxito en esos múltiples encuentros con periodistas de todo el mundo. De hecho, para afrontarlos me bastó tener muy presente los criterios sobre los cuales había escrito mi libro, justamente para no dejarme desviar a otros temas.

Tuve por supuesto que hacer acopio de gran energía emocional y física para cumplir con las exhaustivas agendas previstas por cada uno de los editores en los diferentes países. Gracias a ese esfuerzo conjunto, mi libro se convirtió en un *betseller* mundial, con traducción a más de trece idiomas, varias ediciones en francés y en español para toda Latinoamérica y el Caribe, ediciones especiales en portugués para Portugal y Brasil, al igual que ediciones en inglés para Estados Unidos y el Reino Unido, y en español también para Estados Unidos y Puerto Rico, ediciones de bolsillo, edición en alemán, holandés, italiano y polaco, y ediciones especiales para Internet.

Quiero anotar algo que considero un acierto de la editorial: el apoyo emocional que me brindó. Me facilitó todos los medios para que en la mayoría de esos intensos viajes yo pudiese estar acompañada no solo de mi madre y mi hijo, que fueron fundamentales, pues pude compartir todo un conjunto de alegrías y a ratos, de tensiones, sino también de todo el equipo editorial en cada país, de manera que no me sentí sola, en lo absoluto, para poder afrontar todo aquello.

Creo que uno de los momentos más significativos fue el lanzamiento del libro en París. Coincidió con el quinto cumpleaños de mi hijo Emmanuel, y la editorial se dio a la tarea de organizar, y combinar con intensas rondas de entrevistas con periodistas de la televisión, la radio, Internet y los periódicos franceses y de todo el mundo, la celebración de su cumpleaños. Recuerdo haber llegado y encontrado en pleno vestíbulo del hotel una torta con sus velas, un inmenso tren, en fin, todo allí dispuesto para el niño. Dispusieron también del tiempo para llevarlo a las afueras de París al parque de Disney. Me pareció algo maravilloso. Cinco años atrás había estado en los lugares más inhóspitos de las selvas del sur de Colombia, casi al borde la muerte. Cinco años después, me encontraba celebrando el cumpleaños de mi pequeño hijo en plena Ciudad Luz. ¡Apenas si podía creerlo!

Una vez cumplidos los compromisos editoriales empecé con nuevos proyectos, uno de ellos el de ser conferencista a nivel nacional e internacional, en temas diversos, derechos humanos, paz y *resiliencia*, entre otros. En noviembre de 2009 decidí también volver a la política activa e iniciar campaña para el Senado de la República hasta marzo de 2010. Los resultados fueron insuficientes para lograr obtener la curul. Asumí el resultado y seguí adelante.

Mirando hacia atrás, pero solo un poco, quizá siento que en esa campaña me faltó haber realizado un esfuerzo comunicativo mayor, particularmente en la transmisión del mensaje, pues a diferencia de los demás liberados, yo no quise utilizar la bandera del secuestro para hacer política. De hecho no esperaba ser elegida para poder hacer alguna labor humanitaria. He participado, los he acompañado a ellos y sus familias en marchas, mensajes radiales y foros, y he efectuado gestiones cuando ha sido posible, sin esperar ni buscar nada a cambio. Incluso, a finales del año 2010 hice algo que no había podido hacer en años anteriores porque me encontraba fuera de la ciudad: fui personalmente a la vigilia que organizó el programa radial *Voces del secuestro* en la plaza de Bolívar el sábado 26 en la noche y la madrugada del domingo 27 de diciembre. Quería acompañar no solo a las familias, sino también a las personas secuestradas, y quería felicitar y *agradecer de nuevo a aquellos periodistas que habían hecho ese programa* mientras yo había estado en la selva, y estimularlos para que siguiesen adelante con esa iniciativa de solidaridad tan importante. Allí me encontré con el almirante Cely, Comandante de las Fuerzas Militares de Colombia, y otros altos mandos que lo acompañaban para enviar un mensaje de aliento a sus hombres, que llevan más de 12 años secuestrados. Igualmente acepté la invitación de cierre de final de año del programa *Mente sana,* de Caracol Radio. El médico Santiago Rojas, director del programa, quería hacer algo especial dedicado a las personas secuestradas con el objetivo de enviar mensajes de aliento en esa lucha por la resistencia y la supervivencia.

Volviendo al tema de la campaña, me pareció que debía ser propositiva, y por ello quise centrar mi eventual gestión en el Congreso en tres puntos: i) el tema social, en particular en lo relacionado con los niños, la mujer, la juventud y la tercera edad; ii) el tema ambiental, especialmente con respecto al aprovechamiento y protección del recurso hídrico, para prever y manejar olas invernales como las que padeció el país en los últimos meses del año 2010; y iii) el tema de reconciliación y paz, en el entendido de que hay que crear una cultura para la paz, para la convivencia, para la tolerancia, en fin, para que la paz sea posible en algún momento en Colombia, o al menos, se ponga punto final a un conflicto de más de 50 años. Pero también soy consciente de que la campaña no fue fácil, en especial por el nivel de competencia desleal tan alto, la compra de votos, los gastos por encima de los topes permitidos. Infortunadamente coincidió, además, con el mal momento por el que pasó la Registraduría Nacional en aquella elección, en donde los computadores fallaron y se presentó un sinnúmero de reclamos de fraudes. En suma, hubo ausencia de garantías electorales. Lo que si rescato como muy positivo fue la oportunidad que tuve de recorrer el país de nuevo y reconocerlo en sus avances y también en sus deficiencias, así como la posibilidad que tuve también de encontrarme con tantas personas en las distintas ciudades, en su gran mayoría jóvenes universitarios, y escucharlos.

Una vez pasada la campaña electoral, decidí seguir asistiendo a conferencias y darme el tiempo para plasmar mis ideas en este nuevo libro sobre el tema de la *resiliencia personal,* en el que trabajé durante el año 2010. También asumí el reto de actualizarme en ciertas áreas, particularmente en idiomas. En el segundo semestre de 2010 retomé el estudio de idiomas para completar unos y empezar con otros. Son todos desafíos que me he propuesto y que han resultado muy estimulantes en todo sentido. Mantenerme activa y en movimiento ha sido la clave.

Organizar la educación de mi hijo

Este aspecto fue muy interesante. No solo se trató de seleccionar el jardín infantil al que asistió de marzo a junio de 2008, sino buscar el colegio para que pudiese ingresar en septiembre de ese mismo año y todo lo que ello implica: escoger opciones, hacer las visitas, recorrer los planteles, tratar de entender el ambiente que se respira en cada uno, conocer a los rectores y definir dónde podría estar bien mi pequeño hijo. La realidad es que hay muy buenos colegios en la ciudad; era cuestión de escoger algunos, preparar los papeles para presentarse y definir su ingreso. Por fortuna en todos nos abrieron las puertas y nos permitieron presentar los documentos para completar los procesos correspondientes. Me sentí bien cuando ya pude matricular a mi hijo para su primer curso. Me encantó también ver su actitud frente a su colegio, frente a sus nuevos amigos y sus profesores y profesoras. En este proceso ya vamos a cumplir tres años y el balance es muy positivo: un niño adaptado, en ruta, alegre. Me siento muy bien, porque ha valido la pena el esfuerzo, que también ha sido de sus profesores, médicos y fisioterapeutas. Es todo un esfuerzo conjunto que poco a poco va mostrando resultados.

Desempeñar el papel simultáneo de madre y padre

Debo confesar que en esta singular situación no soy la única mujer colombiana. La cifra que tengo en la cabeza es que al menos dieciocho millones de mujeres somos cabezas de hogar en Colombia. Diría que lo afortunado en mi situación es que lo entendí y lo asumí pronto, y que decidí sacar adelante a mi hijo y no amargarme, ni dejar que mi hijo se amargue tampoco. En teoría todos deseamos una familia totalmente conformada. No es esta nuestra situación, justo por haber estado inmersa en medio del conflicto armado. Para mi hijo es claro que él tuvo un papá biológico en esa circunstancia. Más allá de cualquier consideración, quien vela por el niño en todos los sentidos soy yo, y disfruto principalmente con mi responsabilidad de madre, y hago las veces de padre cuando corresponde.

Quiera Dios que en algún momento logre yo estar lista, en especial en mi corazón, para poder pensar en un hombre que pueda convertirse en mi amigo y mi compañero, y a la vez en padre de mi hijo. Y claro, espero que a mi hijo esto le parezca bien, agradable, de manera que ambos podamos contar con ese apoyo emocional. Hoy en día contamos con un inmenso apoyo y cariño de nuestra familia y de nuestros amigos y compatriotas.

Encontrar mis propios espacios

Se trata de hallar y mantener pequeños espacios para mí misma en el día a día, espacios para reflexionar, para leer o simplemente para descansar o tomar una ducha caliente con calma, de manera que no me deje agobiar por la tarea pendiente. Este hábito de procurarme mis espacios lo adquirí desde niña, y más adelante fue casi imperativo en mi vida profesional en aras de lograr un equilibrio, pero, sin duda, fue obligatorio y necesario durante el cautiverio. Allí aprendí que la paz también empieza y termina en mí, en mis pensamientos, en mis emociones, en mis actitudes, en fin, en todas las acciones que surjan de mí misma.

Empezar a trabajar en todo al mismo tiempo.

¿Por qué trabajar todo en simultánea? Por estrategia, por la necesidad de tener que ir resolviendo las situaciones a medida que se me fueron presentando.

RESILIENCIA

Sería como a finales de marzo de 2008. Acabábamos de regresar a Bogotá, procedentes de Argentina. Creo que estaba por empezar la Semana Santa. Eran días tranquilos, no había casi tráfico vehicular. Quise subir al Santuario de Monserrate para agradecer a Dios lo que estaba viviendo. Me encontraba en mi ciudad natal, ya empezaba a disfrutar de nuevo de su clima, de la calidez de la gente, sentía fuertemente el cariño de la familia. Tuve un deseo inmenso de orar. Madrugué para ir a aquel sitio, quizá serían las cinco de la mañana, aún no había amanecido y ya había mucha gente haciendo fila para subir al santuario, cosa que no me sorprendió, pues en Colombia hay muchos feligreses. Había varios vendedores ambulantes repartiendo tinto, que es la manera como los colombianos llamamos al café oscuro. Me pareció un poco dulce para mi gusto, es posible que estuviera mezclado con panela. Por fortuna estaba bien caliente para el frío de la mañana. Tenía días de no haber probado una bebida así. El grupo de personas que me acompañaba también se animó a tomar una pequeña taza, lo cual es muy usual en nuestro país: empezar el día con un reconfortante café negro. Lo saboreé con lentitud mientras nos daban paso para abordar el teleférico. Ascendimos con rapidez al santuario. La vista sobre casi toda la ciudad era, en definitiva, impactante. De pronto me sentí renovada y libre, recorrí con la mirada un paisaje hermoso, sin límite, sencillamente maravilloso. El frío me hizo seguir adelante y caminar pronto para ingresar a la iglesia. Estaba llena, como decimos, a reventar: no había espacio casi ni para respirar. Tuvimos que entrar por una de las puertas laterales y apenas si pudimos avanzar unos cuantos pasos. Estaba comenzando la misa. Me quedé de pie, algunas personas me saludaron con su mirada y su sonrisa. Personas humildes en su gran mayoría, rostros curtidos por el paso del tiempo y el trasegar de la vida. Vi luz en sus ojos. No sentí más frío. Dirigí mi vista al centro de la iglesia donde estaba el párroco y guardé silencio, mientras intentaba escucharlo. De repente, por unos instantes, me quedé absorta en mis pensamientos, en la particularidad de la vida de cada persona y en tantas cosas tan maravillosas que estaba volviendo a sentir y a vivir.

El Domingo de Pascua también madrugué para volver a la iglesia, pero esta vez a la del Divino Niño en el barrio 20 de Julio. Sabía que mi familia había ido a rezar allí, a pedir por mi liberación y pronto regreso. Yo quise ir muy temprano, la iglesia estaba igualmente llena. Quería dar gracias por mi libertad y también pedí por la de los que aún faltaban y por sus familias.

Pasada la Semana Santa acepté una entrevista con una periodista de la revista *Semana*. Tuve noticia suya a través de mi madre, ya que al parecer había estado muy pendiente de ella y, sin duda, de muchos otros familiares de personas secuestradas. La periodista había hecho un seguimiento exhaustivo de la situación y al parecer tenía información de mi historia personal y de mi condición humana, al punto que la sentí muy cercana. Con el tiempo, y a medida que fui conociendo un sinnúmero de periodistas, me di cuenta de que a muchos les ocurrió algo semejante: se habían sumergido en la situación, supongo que para tratar de entenderla mejor. Me encantó su estilo paisa, descomplicado y directo. Me sorprendió su profundo interés, pero también su actitud de respeto por la situación que había vivido y, por ende, por mí. Nos quedamos hablando quizás un par de horas, y pronto me di cuenta de que los periodistas también son de carne y hueso. En esta entrevista fue la primera vez que escuché la palabra *resiliencia*. Efectivamente, después de terminar el encuentro, ella me dijo:

—Clara, tu eres una persona *resiliente* —le tuve que pedir que me repitiera el término. Lo anoté en una servilleta que tenía a mano para tenerlo presente más adelante.

La segunda vez que escuche el término *resiliencia* fue a principios del mes de mayo de 2008 con otro periodista destacado, esta vez del diario *El Espectador*, que estaba trabajando en una entrevista que quería publicar especialmente para el Día de la Madre. Me comentó que había escrito una columna sobre la liberación de mi hijo Emmanuel. En esta sesión pareció sorprendido con mi serenidad y calma y me habló de la *resiliencia*.

Por supuesto que dos personas me hablaran del mismo tema en tan corto tiempo me llamó la atención, y lo hizo porque ya había asumido una actitud frente a las entrevistas en el sentido que trataría de hacer el mejor esfuerzo para que todo saliera bien, y bueno, lo novedoso para mí fue que me di cuenta de que yo también podría aprender algo de estos encuentros, que efectivamente había periodistas sensibles que no buscaban solo desangrar a su entrevistado o buscar "sacarle la chispa" con preguntas impertinentes, o simplemente agobiarlo con perspicacias, sino que ellos también podían dejar algún nutriente para el alma. Este fue el caso. Al menos me dejaron la inquietud, al punto de que en las semanas siguientes fui a una librería y compré varios libros sobre el tema para tratar de entender su significado.

Solo hasta pasada la intervención quirúrgica que se me practicó poco después, a mediados de ese mismo mes de mayo, cuando aún convalecía, tuve el tiempo para empezar a leer aquellos libros.

Empecé por lo más obvio: la búsqueda de la definición, el significado del término *resiliencia* en el diccionario de la Real Academia Española. No lo encontré allí, sino en un libro especializado sobre investigación social. Me sentí orgullosamente colombiana al encontrarlo en una investigación efectuada y patrocinada por Aracelly Quiñones en una universidad nuestra, la Francisco José de Caldas.

Al parecer, y en aras de hacer el cuento corto, la historia de este término proviene de la ciencia propiamente dicha, de la física. Es de allí de donde se toma el concepto:

> *Resiliencia... es la capacidad de un material para recobrar su forma original después de haber estado sometido a altas presiones. Capacidad para enfrentar a los estresores mediante la amortiguación de su impacto.*
>
> —*Diccionario enciclopédico Salvat Editores* (1994),
> *capítulo sobre física*

En el campo social se entiende por personas *resilientes* "*aquellas que a pesar de vivir situaciones de alto riesgo, se desarrollan sicológicamente sanas y exitosas, teniendo en cuenta que su caracterización máxima corresponde a un conjunto de procesos sociales e intrasíquicos que posibilitan tener una vida sana, aunque vivan en un ambiente insano*".

Cuando leí estas definiciones sentí como si me hubieran inyectado luz en mi entendimiento, y ese entendimiento sobre mi situación personal me permitió recobrar una mayor confianza en mí misma, en mi capacidad personal, en mi fuerza creativa, recordar que históricamente había sido una niña, una adolescente y, con mayor razón, como profesional, una abogada responsable.

Me pregunté a mí misma cómo había sido posible que yo hubiese resistido un secuestro tan agobiante siendo una mujer vulnerable y tan débil a los ojos de mis captores.

Pero como dice el dicho, la calentura no está en las sábanas, y el carácter se lleva por dentro. Normalmente es lo que más comunica, es de la esencia del ser humano, perceptible solo a los ojos de los corazones despiertos. No es necesario ladrar muy duro o lanzar improperios. El carácter se lleva por dentro y surge de hábitos que con la práctica, en el día a día, van formando el carácter. Ya lo decía Aristóteles hace miles de años: "Siembra un hábito, construye un carácter".

¿Y por qué resistí? Porque de niña, de adolescente y de profesional guardé hábitos sanos, no solo de vida sino también de pensamiento, y esta es la misma razón por la cual he podido trascender y superar la experiencia del secuestro; porque durante el secuestro traté, en la medida de lo posible, de mantener los hábitos que desde niña había venido cultivando y forjando, y por eso readaptarme a la vida normal me ha resultado relativamente fácil, a pesar de que también he tenido que superar ciertos obstáculos. No he desfallecido en trabajar en forma continua en el proceso de crecimiento humano.

De niña, a pesar de ser la menor y la única mujer entre cinco hermanos, era la juiciosa, quizá porque desde temprana edad atendía las cosas más simples sin reparar en ellas. Rutinas sencillas que cumplía con diligencia y cuidado. Mientras cursaba mis estudios de secundaria, me preocupaba también por mi mamá, para que no tuviese que madrugar tanto a prepararme la lonchera y el desayuno, de manera que pronto aprendí a hacerlo por mí misma. Recuerdo incluso que antes de salir, y a pesar de tener empleada del servicio, dejaba mi cuarto arreglado y la ropa recogida. No recuerdo tampoco que ninguno de mis padres estuviese pendiente de hacerme las tareas o de recordarme qué tenía pendiente. Yo las hacía directamente, era mi trabajo y por supuesto mi responsabilidad. De manera que las notas que me gané eran las mías, y por eso cuando pasé a la universidad ya tenía un cierto hábito de estudio. Recuerdo que en aquella época tuve que reforzar mis hábitos de lectura, pero lo hice y me gradué, y trabajé en mi época de estudiante en una importante oficina de abogados, de manera que cuando obtuve mi título, ya tenía un trabajo y el dinero para atender al menos mis gastos personales. Creo que tuve desde siempre la confianza de mis padres: ya de niña tenía las llaves de mi casa y no recuerdo que alguna vez se me perdieran o las refundiera. De cuando en cuando me prestaban el carro y nunca me estrellé. Ni siquiera recuerdo haber aprendido a fumar, mucho menos a consumir mariguana. Fue la realidad. En la época profesional recuerdo haber efectuado estudios de especialización, el magíster en ciencia política y luego los diplomados de actualización y las suscripciones a foros de coyuntura, nacionales y extranjeros. Para lograr eso tuve que esforzarme y destacarme en mi trabajo. Pasé largas horas en oficinas y despachos, una época estimulante, pero también pesada. Ya eran muchas responsabilidades al tiempo, pero las manejé con diligencia y cuidado.

Durante el secuestro no me quedó más remedio que recordar todo aquello y hacer mi propia agenda diaria de actividades, para levantarme; para asearme; para comer —o para no comer, cuando hice ayunos muy fuertes para ofrecérselos a la Virgen—; para no hablar, particularmente cuando algunos de mis ex compañeros de infortunio querían más bien pelear por todo y por nada; para hacer ejercicio; para pensar; para bordar, pintar o escribir y, cuando no hubo manera de tener algunos elementos, dedicarme a usar la mente en recitar las tablas de multiplicar o bregar con las raíces cuadradas, o pensar en el futuro con mi hijo; para aprovechar los escasos minutos de radio y las noticias, incluso para hacer el esfuerzo de relajarme antes de dormir y dormir efectivamente. Pude dormir, la mayoría de las veces por el cansancio del ejercicio físico. Sé que muchos otros no pudieron dormir por días y eso les generó trastornos, al menos de humor, y mucha ansiedad, que desfogaron de manera especial fumando en exceso.

De manera que cuando volví a la libertad hice la lista de todo lo bueno que tenía en mi haber, en particular mi hijo y mi madre, y eso me permitió reagendar mi vida de una manera constructiva, desde mi punto de vista, claro, como lo narré en el capítulo anterior.

También me ayudó mucho en esta nueva vida en libertad el hecho de que pronto fui invitada a participar en importantes foros y tuve el desafío de preparar las intervenciones con temas que me resultaron muy interesantes y estimulantes: la libertad, la paz, la reconciliación y, claro, la *resiliencia* y los derechos humanos.

Estas intervenciones fueron importantes para mi crecimiento personal, incluso profesional, por varias razones: me pusieron a reflexionar, a analizar, a investigar, a comparar, a sacar conclusiones y a presentar mi punto de vista; me generaron un desafío porque la mayoría de las veces tenía en que hablar ante públicos diversos en edades, profesiones e incluso nacionalidades.

Acepté el desafío porque en épocas no tan pretéritas, pero sí antes de ser secuestrada, había dado clases a estudiantes de pregrado en la universidad como monitora y en cursos de posgrado como catedrática, y había participado en varios foros académicos, profesionales y políticos. Pero este desafío fue mayor porque fueron auditorios de más de 2500 estudiantes, como me correspondió en la Universidad Industrial de Buenos Aires con jóvenes candidatos a ingenieros, O con más de 2000 ejecutivos en la sede del centro empresarial MEDEF, en las afueras de París, o en Washington, en la sede de la Asamblea General de los Estados Americanos para celebrar el Día Internacional de la Paz. También en Oslo, Noruega, con más de 300 personas, en un foro de la organización Human Rights sobre derechos humanos. Allí me ocurrieron dos, quizá tres cosas muy particulares: coincidimos en el mismo hotel y en las primeras páginas del diario local del día siguiente con el primer ministro ruso, pero lo que más me sorprendió fue que al terminar mi conferencia se acercó una señora checa que, además, hablaba muy bien el español, y me dijo:

—Clara, la felicito, pero usted tiene que viajar por todo el mundo para enseñarle a la gente cómo vivir.

En Deuville, Francia, en un foro de mujeres con representación de casi todos los países del mundo, tuve el honor de poder presentarme en dos ocasiones y en la última también presentar mi libro, en lo que ellas llaman "La esquina de las escritoras". En Caracas presenté mi libro y en esa ocasión me acompañaron la embajadora de Colombia, miembros del cuerpo diplomático y muchos asistentes. Fue emocionante, pues la presentación del libro la hizo una periodista muy reconocida allá, que preparó unas palabras muy especiales. En Berlín me ocurrió algo semejante, en el Instituto Cervantes; en Ciudad de México estaban sobrecogidos por la ola de secuestros que allí padecen, de manera que había mucho interés en escucharme. En Madrid, estuve en Casa de las Américas, con presentación del periodista Iñaki Gabilondo, director de noticias de CNN; además, el embajador colombiano Carlos Rodado tuvo unas palabras muy generosas. En el País Vasco, específicamente en San Sebastián, me invitaron para hablar sobre sociedades en reconciliación con ocasión de un homenaje que el Parlamento quería hacerle a las víctimas de ETA. En Bogotá, Barranquilla, Cali, Santa Marta, Bucaramanga y Medellín he asistido a encuentros con entre 300 y 500 empresarios, justamente para compartir mi experiencia de *resiliencia personal*. Me han preguntado un poco de todo, incluso hasta si veo posible la paz en Colombia o si estaría dispuesta a verme con los guerrilleros en una mesa de negociaciones. En Roma y en Milán, Italia, estuve presentando mi libro en las librerías Feltrinelli y hubo mucha gente interesada. Los italianos entienden este fenómeno del secuestro, pues también lo han padecido. En Ciudad de Guatemala estuve en un foro de más de 1000 mujeres. Al finalizar se pararon a aplaudirme, y todas las colombianas que había allí se tomaron fotos conmigo pues se sentían muy honradas y orgullosas. Fueron momentos todos muy emocionantes, unas veces para presentar mi libro, otras para hablar sobre libertad, paz, derechos humanos, sociedades en reconciliación, *resiliencia personal*, liderazgo y mujer, en fin. Después, en la época de campaña, recorrí gran parte del país en diversos auditorios, en especial en las universidades, y recientemente me han invitado a hablar en algunos colegios.

En estos sitios he aprendido a conectarme con las personas, lo cual me ha parecido maravilloso, en particular con los estudiantes que suelen ser tan apáticos la mayoría de las veces. Por supuesto que ha sido totalmente dignificante verlos de pie aplaudiéndome por unos cuantos segundos, quizá minutos.

De todas estas interacciones también han surgido nuevas preguntas e inquietudes, además de las que en su momento me formularon muchos periodistas, y me han llevado a reflexionar y poder sacar algunas ideas en claro sobre las que volveré en capítulos posteriores.

COLETAZOS DEL AYER

La readaptación a la vida normal es un proceso, y como todo viaje por alta mar, como es la vida, tiene sus días soleados y sus días de tempestad y tormenta, sus días de pesca abundante y sus largos períodos de escasez emocional, y quizá de soledad.

La libertad, y la manera como se vive y se afronta, sigue siendo un profundo desafío para cualquier ser humano, en cualquier parte del mundo, a cualquier edad, de cualquier sexo o condición. Por supuesto, para mí también constituye un desafío. Atrás quedaron las cadenas del secuestro, la selva y el abandono, pero por momentos— sería absurdo no confesarlo—, por momentos se presentan coletazos: los recuerdos, las preguntas, los comentarios.

Claro, fui víctima de un delito de lesa humanidad y mi pequeño hijo también, pero ya no. Reconozco que ya no soy víctima, ni mi hijo tampoco, justamente por ser *resilientes*, por haber afrontado la situación pasada, la experiencia vivida, porque a pesar de haber tenido que estar en un ambiente insano y violento, logré mantener la capacidad de seguir creciendo sanamente. Gracias a ello, en gran parte, y por asumir una actitud proactiva, hoy soy una mujer que vive y hace su vida con normalidad. Y claro, río, al igual que lo hice en algunos momentos en cautiverio. Hoy trato de vivir, las más de las veces, el momento presente; trato de disfrutarlo como me llega, y eso me ha permitido también asumir una nueva conciencia en libertad, no solo física sino emocional. Y creo que este es uno de los mayores logros, pero que en todo caso sigue siendo un desafío constante. En suma, afrontarlo así al menos me ha permitido superar lo vivido y me permite seguir viviendo. También reconozco que tomé distancia con lo experimentado, lo diferencio del presente, y eso también ha resultado muy positivo.

Cuando la gente me pregunta cómo lo he hecho, la respuesta es simple: por voluntad propia. Los ayunos en la selva me ayudaron a fortalecer enormemente mi fuerza de voluntad, mi disciplina en ciertas actitudes y a lograr un mayor entendimiento de que los sentimientos y las emociones son propios. Cuando se logra entender esto, se pone manos a la obra y se trabaja en forma reiterada sobre las propias actitudes, se alcanza la libertad, o mejor aún, la responsabilidad por la propia existencia.

Sin duda, hay también allí una fortaleza espiritual, una convicción que he ido construyendo de mucho tiempo atrás y después de muchas luchas internas. En septiembre de 2009, en una conferencia que estaba ofreciendo a una empresa, una persona me preguntó sobre esa fortaleza espiritual que ella veía en mí, pues a sus ojos yo le resultaba una persona muy evolucionada. La realidad es que me siento una persona normal y no tengo información acerca de si hay posibilidad de graduar la evolución humana. Simplemente yo he ido construyendo y creo que todas las personas, cuando así lo deciden, pueden ir haciéndolo. Es una alternativa al alcance de todos. Es normal, que Dios siempre esté listo, esté presente. ¡Él está allí donde lo necesitamos¡

Por todo lo anterior, por convicción, no decidí demandar al Estado y/o a terceros por la situación que padecí. Tampoco creo que haya que rasgarse las vestiduras respecto de los que sí lo hicieron. Están en su derecho, al igual que yo de no hacerlo. Otra cosa es que en algunos casos no comparta sus decisiones y me parezcan exageradas sus pretensiones económicas, máxime en un país como el nuestro, donde hay tantas necesidades de toda índole. Tampoco me sobra la plata, ni a mi familia, pero el dinero no lo es todo en la vida. Simplemente es un debate en el que no he querido embarcarme. Es una pelea que no he querido comprar, por ponerlo en otros términos.

Me resulta altamente desgastante, en términos humanos, tardarme un sinnúmero de años atendiendo diligencias en los estrados judiciales, controvirtiendo pruebas que quizá no hayan existido o testimonios amañados. Tampoco he visto el interés de las autoridades y el gobierno de aquel entonces en encontrar la verdad y en asumir un mínimo de responsabilidad, como sería apenas lo obvio. Por supuesto, también tengo clarísimo que las responsables del secuestro de mi hijo y del mío propio son las FARC, a quienes he perdonado, como da cuenta todo un capítulo de mi libro *Cautiva*. He puesto todos esos sentimientos de dolor en las manos de Dios, pues para mí es una carga muy pesada para llevar sobre mis hombros. Confío en que el Estado colombiano en algún momento imparta justicia, como ha tratado de hacer de manera incipiente. En lo que a mí respecta, la mejor reivindicación social que podrá hacer este grupo armado al margen de la ley, no solo con mi hijo y conmigo, sino con tantos que han padecido tanto en Colombia, es liberar a todos los secuestrados inmediatamente, comprometerse a no secuestrar más y dejar las armas en un proceso de reinserción social, de una manera comprometida y con muestras constantes de querer construir país a presente y a futuro.

Confieso que otro coletazo fue en su momento el libro de mi antigua compañera de infortunio. Me sorprendieron muchas cosas, pero por fortuna el paso del tiempo, los buenos amigos, de nuevo el inmenso apoyo social y seguir dedicada a mis actividades normales me permitieron sobreaguar, sobrellevar la situación y, en últimas, superarla. Con todo, confieso también que lo que más me sorprendió fue lo que escribió sobre mí, la manera como lo escribió, el azufre que destiló y que se alcanzó a percibir en los titulares de prensa, y la manera como respondió entrevistas sobre mi hijo y sobre mí.

Debo confesar también que en su momento consulté varios abogados, nacionales y extranjeros, pero con el paso de los días me fui convenciendo que no tenía sentido embarcarse en una pelea con ella. Llanamente me dolió lo que escribió, como es apenas natural. Tampoco me hizo sentido, después de todo lo que pasó, que me considere aún como su hermana. Decidí no calificarla, ni juzgarla ni pelear con ella. Me resulta absurdo.

También confieso que tuve que leer el libro, cosa que no había hecho con ninguno de los otros libros de personas secuestradas y liberadas, porque para mí leer cada libro era revivir un dolor inmenso que había vivido en carne propia. Sin necesidad de leerlos, por obvias razones, podía entender su situación.

Reconozco que en el caso de Ingrid me dolió todo, más por ella que por mí misma. Sin duda, hizo un esfuerzo personal enorme para escribir ese "ladrillo" de casi 700 páginas de recuerdos reales y/o imaginados, pero diría que la soledad y el sitio frío de las montañas nevadas que escogió para escribirlo no fueron el paisaje ni el entorno más amable para ayudarla en esa tarea. Parece que estuvo más concentrada en el pasado, y se dejó cegar por sentimientos oscuros; sencillamente perdió la perspectiva e impidió generar puentes y cicatrizar viejas heridas. Solo quiero reiterar que para mí es un tema superado. Entiendo que hay situaciones complejas, personas que de pronto llegan a nuestras vidas, comparten hechos de cierta importancia, como un ideario político —lo cual para muchos podría ser importante—, una tragedia como la del secuestro o simplemente el recuerdo de una amistad. La realidad es que cada cual asume las situaciones como su corazón y su alma se lo permiten. Ruego a Dios que en algún momento ella recapacite y logre encontrar la fuerza interior para, al menos, rectificar en parte el daño causado en lo que toca a la tranquilidad personal y familiar, al respeto del buen nombre y la vida privada y, por supuesto, a la dignidad de la memoria de una mujer que, como ella, fue víctima de un delito de lesa humanidad.

Un tema que tampoco quiero dejar pasar es el de Anna Frank. Este año 2011, como en el año anterior, fui invitada por miembros de la comunidad judía a la conmemoración de las víctimas del Holocausto. En ambas ocasiones fui motivada por el deseo de acompañarlos, de ser solidaria con una situación, aunque hace muchos años ya pasada, traumática para la humanidad en su conjunto. En días pasados leí el diario de Anna Frank. Me causó una impresión muy fuerte, encontré muchas situaciones demasiado comunes con las que yo alcancé a vivir en cautiverio. Sentí un dolor profundo, pues Anna fue una niña adolescente que infortunadamente no alcanzó a ver el fin de la Segunda Guerra Mundial, a diferencia de tantos ex secuestrados, incluyéndome, que tuvimos la suerte de volver a reencontrar la libertad, a nuestras familias y a contar con el cariño de nuestros compatriotas. Cada vez me convenzo más, incluso cuando escucho los testimonios de las personas recién liberadas que manifiestan su deseo de seguir adelante con sus vidas, que es lo que sin duda hay que hacer, lo que nos corresponde, en memoria, en recuerdo y en cariño de todos aquellos que por diversas situaciones no han podido ver esta luz de libertad y el reencuentro con sus familias. Estoy convencida de que a los sobrevivientes nos corresponde perseverar en vivir la vida en toda su dimensión humana y en mantenernos conectados con el resto de la humanidad, justamente para que las situaciones traumáticas no vuelvan a repetirse. Me llamó la atención que en una de esas ceremonias conmemorativas el rabino rezó el salmo 23, que yo aprendí en la selva, y que dice:

El Señor es mi pastor, nada me faltará. Él me ha colocado en el lugar de verdes pastos; me ha conducido a unas aguas que restauran y recrean. Convirtió mi alma. Me ha conducido por los senderos de la justicia, para gloria de Su nombre. De esa suerte, aunque caminase yo por la sombra de la muerte, no temeré ningún desastre; porque Tú estás conmigo. Tu vara y Tu báculo han sido mi consuelo. Aparejaste delante de mí una mesa abundante, a la vista de mis perseguidores. Bañaste de óleo o perfumaste mi cabeza. ¡Y cuán excelente es el cáliz mío que santamente embriaga¡ Y me seguirá Tu misericordia todos los días de mi vida, a fin de que yo more en la casa del Señor por largo tiempo.

Quiera Dios que pronto veamos el fin del secuestro en el mundo. ¡Quiera Dios que pronto seamos testigos de luz y libertad para todos!

Quizá parezca un tema filosófico, pero en realidad es más práctico.

Adquirir conciencia de sí. Es parte de un proceso de maduración de cada ser humano. Es parte también de encontrar la identidad.

Alguien me preguntó el otro día por qué será que los seres humanos aprendemos a valorar las cosas cuando no las tenemos. La ausencia de libertad nos pone a prueba en todos los sentidos, y claro, yo no fui la excepción. Un día amanecí privada de la libertad, sin entender muy bien por qué. Tuve mucho tiempo para pensar, para añorarla, para valorarla, para recordar que la libertad era una conquista humana en la cual estábamos embarcados desde hace más de dos mil años de civilización. Ha sido la resultante de un proceso de lucha social en la que hasta hace solo unos cuantos siglos se ha venido a reconocer como un derecho inalienable del ser humano.

Digamos que yo tuve la oportunidad de nacer en la segunda mitad del siglo xx y crecer en una situación dada, al igual que millones y millones de personas en todo el mundo. La libertad estaba allí, era algo que nuestros antepasados ya habían conquistado. De repente la perdí en unos cuantos minutos, y sufrí por largo tiempo las cadenas del abandono y el aislamiento. Quizás en esos momentos añoré como nunca a todos y todo lo que había tenido muy cerca y dentro de mi corazón. Esos largos periodos de soledad en la selva me permitieron entender la importancia que para un ser humano comporta el ser libre y autodeterminado, el tener la capacidad de moverse, de comunicarse, de hacer, de no hacer, de optar, de escoger alternativas, de decidir, de identificarse con su género, con sus conciudadanos, en fin, de ser parte de un todo.

En esos momentos de soledad, sencillamente dejé volar mi mente como la canción italiana que empieza: "*Volaré, cantaré…*". Empecé a tratar de soñar de nuevo, a pensar en la libertad con toda el alma, con todo el corazón, a tratar de dejarme llevar por mis corazonadas, por mi intuición de mujer, a preguntarme qué quería para mi hijo, para mí. Empecé a tratar de sentirme libre, al menos en el corazón, y esa actitud me permitió disfrutar algunas cosas sencillas en el cautiverio, como poderme bañar y nadar en el río. Nadé río arriba cuando tuve la oportunidad, con toda mi fuerza, y luego, de vuelta al sitio de inicio, me dejaba llevar por la corriente. Por todo lo que me significaban para mí, esos baños me insuflaron en su momento una energía vital enorme, casi sin límites. Me abrieron horizontes para soñar en algo que yo quería para mí hijo y para mí en el futuro: nadar en una piscina normalmente. Al recobrar la libertad, el sueño se hizo realidad con facilidad, y me encanta ver disfrutar a mi pequeño hijo en el agua. De hecho, a su corta edad ya sabe nadar, de manera incipiente en los cuatro estilos: libre, pecho, espalda y mariposa.

A mí aquellas pequeñas oportunidades me dieron una nueva energía, porque nadar en un río, de por sí es un desafío, es una aventura, más en la selva, y por supuesto mucho más estando secuestrada. De manera que cuando tuve oportunidad, me procuré pequeños espacios de libertad, los valoré en su dimensión y los disfrute en su momento. En libertad, cuando también se me han presentado esas oportunidades, las valoro en grado máximo, en particular cuando las puedo compartir con mi pequeño hijo y en ocasiones con mi madre. Un sueño hecho realidad que se vino cocinando de tiempo atrás.

Hay un adagio chino que a mí me encanta y normalmente me ha ayudado a mantener los pies en la tierra, y más o menos dice así:

> *"Antes de alcanzar la meta, hay que ir todos los días al pozo para sacar el agua. Cuando se logra esa meta, hay que seguir haciendo lo mismo".*

Cuando en libertad he tenido la oportunidad de ir a la piscina o al mar, lo he hecho con el pensamiento renovador, a sabiendas de que ese momento irriga mi mente y mi cuerpo. No solo me ayuda a mantener el estado físico, ¡me permite conectarme, sincronizarme con nuevos sueños de libertad, de crecimiento!

Siempre tuve claro también, siguiendo el adagio chino, que una vez lograra reencontrar la libertad, tendría que, de manera humilde, volver yo misma cada día al pozo a sacar el agua. Por ello he tratado de mantener mis hábitos sanos, levantarme temprano, escuchar un poco de noticias, hacer mi propia agenda, tratar de hacer algún tipo de ejercicio físico diariamente, así solo sea caminar. Una vez en libertad, poco a poco fui recuperando mi tranquilidad interior, en parte porque volví a algo conocido, mi país, mi casa, mi familia, mi comida, mi música, mis libros, incluso mi ropa, una serie de factores que representaban para mí la identidad como ser humano, como mujer, como madre, como hija, como amiga. Cosas tan sencillas como poder usar la propia ropa, o escoger una nueva o un perfume.

En suma, podría decir que cada día tengo mayor conciencia, mayor capacidad para entender que la libertad es una condición esencial del ser humano, que se va interiorizando desde una edad muy temprana, en la medida en que se va aprendiendo a tomar las propias decisiones, a asumir los efectos de las decisiones, a asumir la responsabilidad de la propia vida. Legalmente se adquiere plena capacidad a los 18 años. Si bien es una etapa importante, esa conquista y esa lucha sigue a medida que se va encontrando el propio camino, en la medida que se va socializando y se aprende también a respetar la libertad del otro, como lo señaló en su momento Rousseau, pues la libertad de cada ser humano termina donde comienza la de otro. En esa toma de decisiones radica la diferencia.

Por eso he venido entendiendo que hay ciertas actitudes que permiten a las personas, si se cultivan, ir sembrando las semillas de la *resiliencia personal*.

Me he dado cuenta de que durante el cautiverio mantuve motivaciones muy profundas para querer sobrevivir. Mantuve mi impulso básico por la existencia y por la necesidad de salvar a mi pequeño hijo. En libertad, las renové. Por supuesto, el reencuentro con él me ayudó enormemente a reforzar esta motivación original.

Me he dado cuenta también de que durante aquella época fui autodisciplinada con respecto a muchas actitudes, empezando por tratar de mantener una agenda diaria de actividades. En libertad me ha tocado reforzar esa autodisciplina, pero por la razón contraria: aquí hay muy poco tiempo y muchas cosas por hacer, mientras que allá había todo el tiempo disponible, pero nada por hacer.

Fui autodisciplinada en mis pensamientos, claro que sufrí y todo me dolió, como lo he confesado, pero no dejé que esos pensamientos me llenaran los días. Traté de graduar esos pensamientos con recuerdos positivos, y en libertad he podido reforzar todos mis pensamientos positivos y casi que no me queda tiempo para pensar en lo negativo, ni menos en el pasado.

Traté de cuidar mi salud física y mental, y en estos tres años, como lo he narrado en capítulos anteriores, me he cuidado, al igual que a mi madre y a mi pequeño hijo. Me he dado cuenta de que lo que hice fue perseverar en estas actitudes y lo sigo haciendo, y que mi corazón alberga continuamente la fe, la esperanza y la caridad.

También me di cuenta de que por tratar de mantenerme "ocupada en cautiverio" pude controlar o al menos morigerar la ansiedad y la incertidumbre permanentes.

Permití que mis recuerdos positivos afloraran continuamente, en relación con mi país, mi familia, mi hijo, mis amigas y amigos, mantuve pensamientos positivos y a través de la radio encontré nuevos apoyos y a quienes me los proporcionaron los acogí como amigos. Fueron personas que escuché con frecuencia hasta poder decir que empecé a conocerlos, al punto de que cuando me liberaron pude hablar con muchos de ellos con tranquilidad, pues ya los había tenido relativamente cerca. Creo que si no hubiese sido así, los primeros periodistas de Caracol Radio que me entrevistaron tan pronto fui liberada en Caracas, no hubiesen ganado el premio Simón Bolívar a la mejor entrevista radial en el año 2008. Ni qué decir después, ya en libertad. No exagero si afirmo que he concedido cientos de entrevistas a la radio, la prensa, la televisión e Internet de muchos países del mundo.

Cuando me liberaron, toda esa autodisciplina que mantuve en cautiverio, los intensos ayunos que hice en la selva y otras actitudes de organización y trabajo que había tenido durante toda mi vida me permitieron afrontar nuevos desafíos, empezando por el de escribir mi propio testimonio, en un libro, en un tiempo récord. Una vez terminado, pude sacar mis propias conclusiones y, lo más importante, *reforzar la visión con la que quería afrontar el futuro,* y por eso me permití perdonar. Creo que esto último es lo que me ha permitido avanzar más lejos, hacia adelante, hacia la verdadera libertad, la libertad emocional.

Un día, el papá de unos de los amigos de mi hijo en su campo de verano me dijo:

—Clara, la escuché en el programa *La hora de la verdad.* Usted está sobrada, libre de rencores, libre de odios, libre de resentimientos. Esto es lo que necesita Colombia.

A su vez, una señora, en la línea abierta de Radio Mariana, me dijo:

—Clara, ¡usted se supo llenar de Dios!

Todos estas cosas que he venido comentando resultaron ser una revelación para mí, y creo que son la clave para vivir, las herramientas de la *resiliencia personal,* lo que creo que me ha funcionado, por eso lo pongo aquí en blanco y negro, como si fueran las herramientas del equipo de carretera, lo que hay que tener a mano para cualquier pinchazo o avería, más que en la carretera, en la propia vida.

De hecho, en la vida las cosas llegan, no se sabe cuándo, pero a veces llegan y hay que estar preparados. No se trata solo de la experiencia del secuestro, sino de la pérdida abrupta de un ser querido, un terremoto, una inundación, la pérdida del empleo, el traslado a otro país o ciudad, un desplazamiento forzado, la ruptura de pareja, incluso el éxito y la fama —los cuales también hay que saber administrar—, en fin, tantos hechos fortuitos que de pronto irrumpen en nuestras vidas y nos corren el piso. Cada persona por supuesto arma su equipo de carretera a su propia medida y necesidad con los instrumentos o herramientas que mejor se le acomoden. La Biblia solo sugiere tres: fe, esperanza y caridad.

Yo considero que son claves las siguientes diez herramientas de vida para armar el *kit,* y es clave saberlas usar y tenerlas a mano:

1. La motivación
2. La autodisciplina
3. La cabeza fría
4. La paciencia
5. La perseverancia
6. El equilibrio emocional
7. La fe, la esperanza y la caridad
8. El manejo de las relaciones humanas

9. La fuerza del pensamiento constructivo y la autoimagen
10. Poner las cosas en perspectiva y entender los cambios como parte de la vida.

MOTIVACIÓN

Quisiera empezar este capítulo compartiendo una anécdota en relación con el libro *Cautiva*. Muchas personas me han dicho que se han sentido conmovidas con el relato, otros lo han leído en familia, otros me han escrito, me han mandado tarjetas, incluso hasta medallas de la Virgen, oraciones bordadas a mano y poemas para mi hijo. También quiero confesar que fue criticado por algunos, por fortuna pocos, pero particularmente debo destacar el comentario de un columnista de una revista cultural. El comentario consistió, palabras más, palabras menos, en que después de haber leído mi libro no había sentido nada. Le mandé una nota a él y a la revista, pues me sorprendió su comentario y la manera negativa como enfocó su columna. En la editorial me advirtieron que era normal que hubiese inconformes y que era el estilo de algunos críticos literarios, de manera que no reparé más en el tema. Me acordé de esa situación justo al empezar este capítulo, para citar un aparte de la Biblia que dice: "…el que tenga oídos para oír que escuche, y ojos para ver que vea…". Tanto el anterior libro como este tienen de característico que salen del alma, surgen del deseo de compartir una experiencia de vida en términos sencillos y comprensibles a muchos públicos, y además tratan de ser amenos, como una historia o anécdota que se comentaría a un grupo de amigos. He escogido esta manera de escribir estos libros porque aún recuerdo los comentarios o anécdotas que siendo niña me contaron mis padres o mis abuelos o abuelas en momentos muy particulares: fueron espontáneos y quedaron grabados en mi mente y en mi corazón como una impronta de vida, como una huella imborrable que con el paso de los años se afianzó en mi mente y también en mi corazón, y cuando tuve necesidad de encontrar respuestas a múltiples preguntas, surgieron los recuerdos y los momentos maravillosos que había tenido oportunidad de compartir con aquellas personas que aún amaba, a pesar de que ya no estuviesen cerca.

También debo confesar que antes del secuestro, de tiempo atrás, fui lectora asidua de libros de mejoramiento y superación personal, incluso de algunos de David Coleman sobre inteligencia emocional, de manera que para mí ya era claro que el reto de todo ser humano, más que tener un coeficiente intelectual muy alto, es saber administrar la vida emocional con inteligencia, y esa es la clave de los individuos que triunfan y tienen éxito en sus vidas: practicar el arte de manejar las emociones inteligentemente.

Tuve que afrontar una prueba de vida enorme. Como los metales, me pasaron por el fuego para saber si era resistente o maleable. Y en ese fuego del secuestro en el que estuve inmersa tantos años pude entender, como nunca antes en mi vida, que las *motivaciones* en la existencia de cada persona son más que fundamentales. Son vitales, son el impulso básico que nos anima a levantarnos con alegría e, incluso, acostarnos con tranquilidad pensando en un nuevo amanecer. La ausencia de motivaciones es dejar el camino abonado para que aparezca la muerte, como quiera que sea que se pueda presentar.

Pero las *motivaciones* son solo propias. Nacen de adentro hacia afuera. Para nadie es un secreto que mi mayor *motivación* durante el cautiverio fue mi hijo Emmanuel. Gracias a ese impulso básico de mujer y de madre, hice cosas que nunca imaginé ser capaz de realizar, como los ayunos de nueve días, y resistir de manera sostenida el aislamiento y la incertidumbre continuos. Ni qué hablar del propio parto en circunstancias tan inhóspitas, o el tema de la separación del niño por casi tres años. Este impulso básico lo tenemos normalmente las madres por nuestros hijos, y diría que por extensión muchos padres por sus hijos también. Los hijos son un motor de vida enorme. Es inimaginable la cantidad de sacrificios que se alcanzan a hacer, como sin duda los han hecho muchos de nuestros padres por nosotros.

En libertad, mi hijo continúa siendo un *motivador* enorme, no solo porque soy muy consciente de la bendición del *reencuentro,* sino además porque desde el primer momento me permitió seguir proyectando mi vida hacia el futuro y pensar en cosas agradables, la mayor parte del tiempo. Yo tenía que pensar en su cuarto, en su ropita, en los juguetes, en los colores, en sus temas médicos, en su jardín infantil, en sus actividades, en su colegio, en sus comidas, incluso en sus amigos. Tenía que pensar en el día a día, y en ello sigo pensando, de manera que nuestra vida va transcurriendo normalmente, de manera sostenida, con alegría, porque los niños son una alegría permanente, en particular al verlos reír o escucharlos hablar, incluso jugar.

Las *motivaciones* son las que nos permiten vivir: nos preparan en uno u otro sentido. Son el motivo o la causa de algo, y ese algo es la vida que empieza por nuestra mente y nuestro corazón. Cuando se logra definir y tener en claro al menos una *motivación* precisa, un propósito de vida, una meta por alcanzar, un algo por compartir, algo por qué o por quién luchar. Ese es ya el mayor logro, un 80% de avance en la supervivencia.

Por eso la canción de Joan Manuel Serrat es tan linda: "¡Siempre hay por quien vivir, a quien amar…!". O qué tal la canción del grupo español Presuntos Implicados: "Mi pequeño tesoro… tengo cinco razones para quererte, una atada a mi espalda y otra a mi suerte, y las tres que me quedan son tu sonrisa, tu ternura sin falta y otras delicias…".

¿Cuál es el *Emmanuel* que a usted lo levanta diariamente?

Yo lo llamo *Emmanuel,* pero cada persona define cual es su propia bendición, la *motivación* que lo hace soñar, cantar, reír, correr y, por supuesto, vivir con alegría.

AUTODISCIPLINA

A pesar de los muchos esfuerzos de las nuevas tecnologías y pedagogías por intentar borrar el concepto de disciplina con látigo o reglazo, la realidad es que cuando se escucha hablar de disciplina lo primero que viene a la mente es lo aburrido que es imponer un reglamento o una norma de manera rigurosa, y el sabor agridulce de la amonestación. Quizás eso sucede porque falta llegar a acuerdos previos de conducta o simplemente poner un mayor énfasis en los beneficios del resultado obtenido con el cumplimiento de una determinada actividad de manera disciplinada y repetitiva.

Ahora bien, cuando hay reglamentos y sanciones, y quién verifique ciertas conductas o acciones, digamos que hay cierto orden, pero cuando no hay reglamentos, ni sanciones, ni amonestaciones ni personas que tengan la capacidad objetiva para verificar esas conductas, la cosa se torna totalmente complicada. Y esa es la situación de los adultos en ciertas áreas de sus vidas. Hay ciertas acciones que se escapan a la lente de los demás.

Corresponde solo a cada uno hacer su propia verificación, balance y rectificación, y con mayor razón en una situación en cautiverio, donde no hay jefe, ni familia, ni amigos, ni siquiera médico, ni ninguna persona que esté recordando de alguna manera que uno debe guardar la calma, no deprimirse, no comer o fumar en exceso, levantarse, caminar, hacer ejercicio, lavar la ropa, bañarse diariamente, en fin... No hay mamá ni papá que diga nada, y tampoco le hacen caso a quien se atreva a decir algo, justamente por el ambiente tan tenso y doloroso que se respira.

De manera que allí solo hay que decidir de manera autónoma qué hacer y qué no, dentro del escaso margen de acción que hay. Y allí aparece la autodisciplina. De manera que la motivación por sí misma no es suficiente: hay que ejecutar acciones concretas para lograr que se cumpla el propósito, que es la motivación misma. En mi caso había una motivación consistente en sobrevivir para mi hijo y quería sobrevivir bien, física y mentalmente bien, no solo para salvar a mi hijo sino para enfrentar el futuro en libertad, para tener la energía que me permitiera sacarlo adelante. Dependía de mí de manera exclusiva cómo lograrlo. Solo podía depender de lo que yo pudiese hacer a diario para estar bien en el día a día, sin depender de los demás, sobre los cuales no tenía ningún control ni influencia. En cautiverio se me ocurrió hacer mi propia agenda de actividades diarias y semanales, justo para emplear mi tiempo de la manera más constructiva posible, porque donde me quedara llorando todo el día, no sobreviviría, y estamos hablando de horas, semanas, meses y años. También traté de mantenerme físicamente para poder resistir esas arduas y agotadoras caminatas. Tenía que hacer acopio de la mejor energía física para poder mantenerme en pie y seguir ese régimen militar al que estaba sometida de manera forzada.

La agenda de actividades puede sonar chistosa en la selva, pero me ayudó mucho. A mí se me ocurrió que debía tratar de mantener mi propio ritmo, como en la vida normal, para que cuando volviese no me costase trabajo readaptarme. Por eso debía madrugar diariamente y asearme con los escasos útiles de limpieza que nos suministraban. Mantenía un botellón de agua para lavarme la cara y los dientes, de manera que cuando amanecía era lo primero que hacía: asearme y arreglar el sitio donde había dormido. Estaba despierta y lista para escuchar cada día los mensajes de los familiares, de 5:00 a 6:00 A.M., y los primeros 15 minutos de noticias. Cuando llegaba el carcelero, estaba lista para recibir el tinto de la mañana, trataba de saborearlo y de buscar su aroma. De esa manera buscaba mantenerme conectada con el resto del mundo, pues muy posiblemente muchas personas estarían tomando café a la misma hora. Por lo general el tinto llegaba caliente, pero a veces lo traían ya frío. Nunca dudé en protestar por ello, así fuese lo único por lo que protestara en el día, pues ¡me encanta el café caliente! Si había oportunidad de comentar las noticias con algún compañero de infortunio, lo hacía; si no, empezaba a hacer ejercicio, a caminar o a trotar entre 15 a 45 minutos diarios, lo que se pudiese hacer y también lo que tuviera el ánimo de hacer. Si había oportunidad de bañarme en ese momento, lo hacía, y lavaba la ropa, la loza, etc. Si no, lo hacía en la tarde. Leí, escribí, pinté, bordé, tejí, jugué cartas y ajedrez, y cuando no hubo posibilidad de nada de eso, me puse a recordar mentalmente las tablas de multiplicar y a resolver raíces cuadradas. Trataba de mantener mi mente y mi cuerpo activos, todos los días. Como no había fines de semana, ni días de fiesta, pues todos los días eran iguales, tenía que hacer algo a diario. Incluso jugaba cartas, así no me llamara mucho la atención, pues me sentía perdiendo el tiempo. Lo hacía más por socializar un poco y por no estar aislada. Estuve pendiente de las horas de las comidas y de lavar de inmediato la loza; me fastidiaban los moscos y las hormigas por todos lados, y la única manera de tenerlos a raya era mantener todo limpio. A las seis de la tarde estaba lista para escuchar noticias hasta que apagasen el radio a las 7:30 u 8:00 P.M. Rezaba y velaba, y en parte de la noche dormía, y así todos los días, con ánimo de estar alerta, de estar despierta, de mantenerme viva y de conservar una rutina que, una vez volviese a la libertad, me permitiera retomar fácilmente el ritmo de la vida normal.

De manera que cuando recobré mi libertad, simplemente mantuve mis hábitos sanos. Fue más fácil, porque sí que estaba motivada, me reencontré con mi pequeño hijo, con mi familia, volví a mi casa, en fin... Gracias a ello pude empezar a escribir mi libro, me impuse una autodisciplina propia de trabajo de casi 10 a 12 horas diarias y la cumplí. Sigo cumpliendo con mis actividades normales y también mantengo la agenda y trato de no llenarme de actividades de manera compulsiva, ni tampoco viajo en exceso, ni mucho menos acepto todas las invitaciones que me hacen. Duermo normalmente. Vivo la vida como cualquier mujer del siglo XXI. He entendido que la *autodisciplina* es más importante que cualquier reglamento externo, que cualquier jefe, marido o mamá. Lo que uno hace y decide hacer lo lleva a cabo por convicción, brota del propio ser y la vida fluye mejor.

Al final de la vida, la cuenta nos llega. Quizá por haber tenido la muerte tan de cerca es que me ha tocado hacer balances más cortos, y no espero hasta el último minuto de vida. Eso significa que me acostumbré a ir revisando mis propias actividades y disciplinas de tanto en tanto, y eso me permite ir construyendo y reconstruyendo cuando corresponde, poco a poco.

CABEZA FRÍA

Tal vez una de las cosas que más ayuda a un ser humano a hacer un aterrizaje forzoso a la realidad de su propia existencia es una decisión mal tomada. Más que por la decisión, por el resultado de la misma, en especial cuando esta *casi* nos cuesta la vida.

Seis años de secuestro son un enorme lastre para cualquier persona y yo no soy la excepción, pero debo confesar que en el presente no me he quedado con el lastre.

Dos factores que entendí prontamente: i) fui al sitio equivocado a acompañar a la persona equivocada dentro del marco de una campaña política, con los riesgos que nos costaron el secuestro mismo; y ii) en cautiverio asumí esa situación, nunca me quejé ni culpé a nadie por ello. No me desgasté en ese tema. Sabía que tenía que sobrevivir y para ello tenía que entender que era una situación fortuita, propia de un conflicto armado, y tratar de sobreponerme para pensar en recuperar la libertad. Logre por ventura de Dios y la solidaridad de muchas personas recuperar mi libertad y reencontrarme con mi hijo. El nuevo desafío consistió en superar lo vivido, dejar atrás la situación traumática y asumirla como un capítulo aprendido.

Reconozco que las decisiones hay que tomarlas con cabeza fría, y hay que tener en cuenta el entorno emocional en el cual se está inmerso para tomar una decisión. Cuando una persona está preocupada y presionada, normalmente se equivoca. Debe darse el tiempo para reflexionar, quizás un poco más de lo usual, y comentar toda decisión con otros, analizar más alternativas, los pros y los contras de la decisión, en fin, contar con un marco de acción amplio. Lo más importante es pensar que por lo general el mundo no se acaba al minuto siguiente. De hecho, en mi situación hubiese podido atender ese llamado otro día, ir luego, ir a otro sitio o simplemente no ir.

Anoto este tema de la cabeza fría para tomar decisiones porque, las más de las veces, la decisión misma hace la diferencia, y las consecuencias están allí. Lo positivo en mi situación es que por fortuna sobreviví para contar la historia, pero otros, en circunstancias semejantes, no sobrevivieron. Me refiero al caso del asesor de paz del gobernador de Antioquia, Gilberto Echeverri. Él en su momento tuvo el dilema de acompañar al gobernador a una marcha de paz en la que ambos corrieron un riesgo vital. Él sintió que su deber era acompañarlo y no dejarlo solo. Esa decisión les costó la vida a ambos. Yo solo consigno esta situación porque sé que existimos seres humanos a quienes nos mueve ese tipo de sentimientos y valores, en particular en algunos momentos de la vida. Mirando en retrospectiva, me da dolor no solo por él sino también por su familia, porque tuve oportunidad de conocerlo personal y brevemente en alguna reunión de trabajo y me alcancé a percatar de su condición humana. Pero reconozco que hoy en día ese tipo de actitudes resultan siendo quijotadas que no tienen sentido.

Recuerdo un comentario que en algún momento me hizo mi madre: "Recuerda que de valientes, están llenos los cementerios…", de manera que la vida me ha ido enseñando a tomar distancia, al menos en parte, de ciertas situaciones, en especial en la política.

A pesar de todo lo dicho, es cierto que volví a la política, porque en su momento consideré que me correspondía hacerlo. Algún instructor de equitación me dijo hace mucho cómo combatir el miedo al caballo: "Cuando el caballo la tire, no hay más remedio que volverse a subir de inmediato". Y por eso quizá volví a la política y me presenté a las elecciones de Senado en marzo de 2010. No salí elegida. Dios, en su leal saber y entender, me irá señalando el camino. Tengo claro que la experiencia fue positiva para mí en casi un 99%, no solo en lo personal, sino también en lo profesional. Después de lo vivido participé de nuevo en política, lo hice de manera directa, intenté presentar propuestas, ser una opción, participar en el debate democrático. Fue un desafío interesante que me condujo a nuevos aprendizajes, en particular porque volví a tener contacto directo con muchas personas y no solo a estar ante los medios de comunicación. Recorrí la geografía nacional, diferentes ciudades, regiones, comunidades. Fue una manera de tomarle el pulso al país de primera mano, escuchar sus inquietudes, en particular la de muchos jóvenes universitarios. También tuve la oportunidad de ir a los estadios de fútbol. (Siendo un deporte tan popular y habiendo tanta afición, es un pesar que aún existan las llamadas "barras bravas" que impidan disfrutar de una jornada más agradable y tranquila. Por coincidencia en aquella época estaban exhibiendo la película sobre cómo Nelson Mandela logró la paz y la unificación nacional en su país alrededor de un deporte popular. Qué bueno sería que en nuestro país todos lográramos estar de acuerdo en disfrutar del fútbol independientemente del color de la camiseta. La juventud actual tiene mucho que aportar en la construcción de una cultura más sana que gire alrededor del deporte.) También fue interesante escuchar a las mujeres cabezas de hogar en su lucha diaria por el sustento.

Todo eso me llenó de energía positiva y de buenos propósitos y, sin duda, me permitió renovar mi amor por Colombia y por su gente.

PACIENCIA

La paciencia es una habilidad que se aprende, aunque no estoy tan segura de que se alcance a dominar del todo. Muchos la ven como un valor, como un principio que debe cultivarse. Tiene un poco de todo esto que acabo de anotarse. Aprender a ser paciente no es fácil, porque la sociedad y el mundo de hoy nos imponen hacer y tener todo rápidamente. Este es un tema cultural. Por eso quizás en nuestro país la cultura del facilismo hizo veloz carrera y muchos jóvenes encontraron en apariencia un camino fácil en el narcotráfico y otros grupos al margen de la ley, a diferencia de otras sociedades, como las asiáticas, donde a las personas se las enseña a ser pacientes desde la infancia, a seguir unos procesos de aprendizaje, de formación, de trabajo, de disciplina, de vida. La violencia es en parte el resultado del afán: se atropella a la gente, se la maltrata, por el deseo o la injustificada necesidad de cubrir ciertas metas lucrativas de manera fácil y rápida.

Paradójicamente aprendí un poco de paciencia al haber estado forzada a ese cautiverio, pues tuve que aprender a soportar una situación de manera sostenida para poder sobrevivir. Claro, hubo muchos momentos en los cuales me impacienté, pero pronto entendí que salirme de casillas me hacía un daño enorme: me ardía el estómago, y ese mismo dolor me hizo entender que yo tenía que perseverar en ser paciente, en ocupar mis pensamientos y mis sentimientos de manera constructiva, porque sufría y con el paso de los días tenía que mantener mi estado físico y mental para sobrevivir.

A veces siento que desde niños deberían enseñarnos a jugar ajedrez. Lo aprendí con mis abuelos maternos, quienes se dieron a la tarea de enseñarme a jugar cuando yo era aún muy niña. Primero mi abuelo y luego recuerdo haber jugado interesantes partidas con mi abuela. También recuerdo haber jugado unas cuantas partidas con mi padre.

En el cautiverio, una de las primeras cosas que pedí para pasar el tiempo, además de cuaderno y lápiz, fue un juego de ajedrez. Siempre me ha interesado, no soy experta y quizá podría jugar mejor, pero me gusta, y por muchas razones: enseña y facilita entender que en toda interacción hay unas reglas de juego, hay que tener una mesa dispuesta y un sitio tranquilo para jugar. Cuando se empieza a jugar, hay que concentrarse e ir diseñando una estrategia para poder ganar. Es una situación permanentemente dinámica. Hay que estar siempre alerta a la respuesta del otro, no hay una ganancia rápida, hay que construirla y lucharla. En suma, hay que ser paciente. En momentos en que la situación se torna casi que totalmente perdida, hay opciones de recuperarse. Si se toma el tiempo para analizar con calma, se puede contraatacar, o mejor, revertir la situación y sobreponerse, y quizás hasta ganar la partida.

Alguna vez, hablando con un amigo sobre los hijos, me llamó la atención su comentario en el sentido de que quería poner a su hijo en clases de ajedrez, pues él no tenía tiempo para jugar. Quizá porque yo lo aprendí de mis abuelos y de mi padre, y porque me dejó tan buen recuerdo; quizá porque en ciertas jugadas con sus comentarios, chistes y bromas ellos me transmitieron experiencias de vida; quizá por la perspicacia de algunas jugadas; quizá por todo ello, creo que vale la pena que sea uno mismo quien le enseñe a sus hijos a jugar. La ventaja de los niños y de los jóvenes es que aprenden rápido y hasta resultan pronto jugando mejor. El ajedrez definitivamente es un juego apasionante.

Sin duda, los juegos ayudan a los hijos a aprender muchas cosas. No siempre se gana, perder no es el final, siempre hay nuevas oportunidades de prepararse mejor y participar otra vez. Fomentar el espíritu deportivo es clave. De niña también aprendí a jugar tenis y cartas, a montar en bicicleta y a nadar. Estos deportes y juegos, al menos algunos, me ayudaron en el cautiverio a ser paciente, a pasar el rato, a distraerme en forma constructiva.

En libertad, este tipo de actividades me siguen ayudando en el proceso de readaptación a la vida normal y también a fortalecer la *resiliencia personal*. También me ayudan en mi relación con Emmanuel, pues son actividades que compartimos normalmente, en vacaciones, en fines de semana, en fin, cuando se puede.

PERSEVERAR

Hay cosas que cuestan trabajo en la vida, pero yo diría que perseverar es una de las que más cuesta. Algunos todavía nos describen a los latinoamericanos como no perseverantes. Por fortuna estos son estereotipos del pasado. Hay miles, quizá millones de ejemplos que dan cuenta de todo lo contrario.

Con todo, hay que reconocer que perseverar es un verbo que hay que practicar a diario.

He leído muchos libros en mi vida, y quizá me falten muchos por leer, pero sin lugar a dudas uno de los cinco libros que más me han llegado, quizá por el momento en que lo leí, por todas las veces que he releído algunos apartes y por lo que ha significado para mí como herramienta de vida, es el de los siete hábitos de la gente eficaz, de Stephen R. Covey. Ha sido un libro guía.

Creo que no me he sentido sola, porque he tenido buenos, importantes e interesantes maestros a lo largo de mi vida: mis padres, mis abuelos, amigos, profesores, compañeros de trabajo y, por extensión, gente que si bien no he conocido personalmente, me ha permitido aprender de ellas a través de los libros que han escrito.

Estaba iniciando mi carrera de derecho y desempeñándome en mi primer trabajo en una importante firma de abogados, cuando llegó ese libro a mis manos. Me sirvió como brújula. Recuerdo en particular dos frases que traté de retener en mi mente, de interiorizar:

- *"No hay triunfo verdadero que pueda separarse de la dignidad de vivir"*, de David Star; y
- *"Somos lo que hacemos día a día, de manera que la excelencia no es un acto sino un hábito"*, de Aristóteles.

En la vida normal cuesta, cuesta mucho tomar una decisión y cuesta mantenerla. Un ejemplo son los propósitos de año nuevo. Imagínese en una situación límite, como la del secuestro, cómo es de difícil perseverar. ¿En qué se persevera? En los propios propósitos, en las propias motivaciones, en la propia autodisciplina, en las pequeñas acciones del día a día.

Recordé en particular estas citas cuando estaba secuestrada, y en parte por ello traté de mantener los hábitos sanos y logré la *resiliencia personal*, porque sabía que son los esfuerzos continuos del día a día los que mantienen a flote a un ser humano. Por eso amanecía pensando amorosamente en mi hijo, en mi familia, en mi país. Por eso trataba de levantarme cuando salía la primera luz del sol, incluso un poco antes. Por eso escuchaba a diario los escasos minutos de radio, por eso hacía ejercicio físico, por eso oraba y por eso trataba de mantener, en la medida de lo posible, una agenda propia, pensando constantemente en recobrar la libertad en algún momento.

Perseveré y sobreviví. Y cuando recobré la libertad he seguido perseverando y renovando poco a poco, en el día a día, mis propósitos de vida, mi disciplina personal, esas pequeñas acciones diarias que al final suman mucho en el proceso de crecimiento personal.

EQUILIBRIO EMOCIONAL

Cuando se va trabajando poco a poco en las actitudes interiores, se va adquiriendo un cierto equilibrio emocional para no dejarse vencer por la depresión, una de las grandes enfermedades de nuestro tiempo, casi que por encima del cáncer, según la Organización Mundial de la Salud. El equilibrio se va adquiriendo lenta y perceptiblemente. Se manifiesta frente a ciertas situaciones difíciles de afrontar como la ansiedad, la incertidumbre y, por supuesto, el miedo a la muerte.

Recuerdo que en la selva tuve que pasar varias veces por lo que uno entendería como una cuerda floja: atravesar por un río o un caño, como aquellos de los entrenamientos militares, a una altura importante, con el morral al hombro, agarrada a una larga manila, mano a mano. Para afrontar un alto riesgo, sin duda, hay que mantener un cierto equilibrio emocional y alguna dosis de buen humor, otra de las herramientas vitales de la existencia.

En el año 2009, en una entrevista radial con La W, recuerdo que el periodista Alberto Casas Santamaría comenzó por preguntarme:

—Clara, ¿y cómo es la muerte?

No es una pregunta fácil de responder, en particular cuando se ha estado tan cerca de ella por tanto tiempo y en situaciones tan diversas. Uno termina conviviendo con la dura realidad de que al minuto siguiente ya no esté vivo. Mejor aún, la vida pende en cada instante de un hilo.

Sin embargo, la muerte tampoco hay que tomársela tan en serio, y hay que aprender a entenderla como parte de la vida. Esto lo digo con particular respeto, porque la vida tiene un valor invaluable, pero lo digo más en el sentido de morigerar el miedo que ocasiona la muerte, ese temor profundo que normalmente infunde, justo porque no sabemos qué pueda pasar después, no sabemos a ciencia cierta quién o qué nos puede esperar. En la medida en que la muerte se entienda como parte de la vida, me parece que es más llevadero un duelo, a pesar del inmenso vacío que pueda dejar un ser amado que fallece. Creo lo que respondí: que yo sentía que no era el momento de morir, pues, siguiendo la Biblia, hay tiempo para todo, también un tiempo de morir. Le mencioné a Casas Santamaría una anécdota, quizá de cuando más cerca tuve a la muerte, que fue el momento del parto de mi hijo. Alcancé a sobrepasar ese trance pues cuando vi al niño, en ese preciso instante, recobré un hálito de vida.

Con su nacimiento renací yo también. Cuando volví con mi hijo en brazos a reunirme con mis demás compañeros de infortunio, la sorpresa para todos fue enorme, pues no me esperaban de vuelta. Creo que les dije con una sonrisa que sí alcancé a tocar las puertas de San Pedro, y que me devolvió porque no era aún mi turno.

Pero también hubo muchos otros momentos en que la muerte estuvo particularmente cerca: en los operativos militares, en el momento mismo del secuestro, en algún grado en el momento de la liberación, pues había mucha tensión. Y el miedo a veces raya en pánico y eso a veces es contagioso también. Hay que hacer el esfuerzo por no dejarse llevar. Hubo momentos en que se me paralizaron las piernas, apenas por unos instantes, y en realidad no pude caminar. Sentir los helicópteros encima era caminar por el infierno mismo. Todo allí hervía: el clima, la tierra, la gente. Cuando no entendía por qué los guerrilleros insistían en seguir andando con personas secuestradas, muchas de ellas encadenadas —un peso muy fuerte de llevar—, incluso alcancé a pensar que ellos ya estaban muertos y nos querían llevar vivos al más allá, como parte de su séquito, pues esas imágenes aparecían ante mis ojos totalmente patéticas.

Vivir con la ansiedad e incertidumbre constante de que la muerte está tan cerca por días, semanas y años, sin perder la cordura, es una prueba muy fuerte para cualquier ser humano. La supervivencia me la explico por la presencia de Dios.

A propósito de la muerte, *Gaviota,* mi mascota, murió el 2 de enero del año 2011. Definitivamente la muerte es parte de la vida. Ella vivió conmigo mucho tiempo antes de haber sido secuestrada, y diría que me esperó hasta que volví. En estos tres años en libertad nos acompañó las más de las veces, pero siempre me sorprendió el radar que tenía por dentro para captar mis emociones. Hubo momentos, cuando tuve que afrontar alguna que otra entrevista difícil, en que no se despegó de mi lado. Incluso recuerdo que en alguna entrevista, cuando ya le pareció muy larga, se puso a ladrar para sacarme de ella. En la playa se quedaba cerca de mi madre para cuidarla. Antes de su muerte, quizá un par de noches antes, soñé con ella. Algunos dicen que los animalitos tienen alma. Yo les diría que sí.

Claro, me dio dolor su partida, pero ya había cumplido su ciclo de vida. Quizá por ello lo he podido afrontar. Busqué el mejor momento para comunicárselo a mi hijo y a mi madre, pero nunca hay un buen momento para transmitir un hecho así. Emmanuel me dijo que le parecía muy triste, y al otro día lo comentó en su colegio con sus amigos y profesoras. Tenía que decírselo, pues es una manera de ir explicándole cómo es el tema de la muerte.

En la veterinaria me regalaron una cachorrita para que fuera mi nueva mascota. Se la recibí con el mayor agrado y mi familia también. La bauticé *Golondrina.* Me gusta ponerle nombres de pájaros a mis mascotas, quizá porque para mí representan lo que es ser libre. *Una gaviota, una golondrina,* como que me recuerdan esa facilidad que tienen las aves para volar por el cielo y buscar nuevos horizontes.

FE Y ESPERANZA

En mi libro *Cautiva* dediqué todo un capítulo al tema de la fe. Sí creo que la fe es vital para afrontar y llevar la vida. No es cuestión de hacerle propaganda a una religión en particular, no es mi interés. Simplemente se trata de anotar la importancia de tener una creencia en algo, en un ser superior. Esas creencias nos conectan con la propia esencia humana. Alguien decía que no es que seamos seres humanos tratando de tener una experiencia espiritual, es que somos seres espirituales tratando de tener una experiencia humana en esta vida.

La fe va ligada a la esperanza, porque unidas ambas de la mano podemos avizorar la pequeña luz al final del túnel. En la selva conocí la oscuridad de veras, en toda su amplitud, en sus diversas gamas: la de la noche oscura, como en los cuentos encantados, donde se escucha toda serie de ruidos raros, el viento, el silencio, pero también la más tenebrosa, la oscuridad del alma, la oscuridad interior, donde no alcanzamos a asirnos de nada para mantenernos en pie ni tenemos ánimo para entender lo que ocurre. En mi caso, la fe en Dios y en la Virgen y en su protección me salvó.

La noche fue un tiempo durante el cual pude reencontrarme a mí misma, orar, pensar, rezar, velar y dormir. Con el paso de los días y de las noches, ese contacto, esa sintonía que logré conmigo misma y con un ser superior poco a poco fue germinando. Y fui aprendiendo a sincronizarme de manera imperceptible y a ir intuyendo que pronto algo iba a cambiar, siempre con la esperanza de que podría ser mejor.

En libertad, he tratado de mantener esa sintonía con el ser superior, y es paradójico porque no es nada fácil. Hay mucho ruido, la luz eléctrica, la televisión, las carreras del reloj. Trato de mantenerla de otra manera: escucho al amanecer los pájaros trinar, salgo a caminar, miro al cielo, disfruto el bello paisaje desde mi ventana, los árboles, las flores, en fin, tantas cosas bellas de la vida.

Me encanta caminar por el parque, ver la luz del sol, escuchar la risa y el juego de los niños, el agua en las fuentes, en los ríos y en el mar, sentir el viento en la cara. Me encanta admirar la belleza de la naturaleza, y en esa vista, elevo mis ojos a Dios para darle gracias por tanta belleza, por su inmensidad.

Diariamente me la paso dando las gracias: en el amanecer por estar viva, por estar con mi hijo, con mi familia, en mi ciudad, en mi país, disfrutando del clima ecuatorial, de la comida típica, del aroma del café suave en las mañanas, de la variedad de las frutas tropicales, del calor del hogar, de las sabanas limpias y calientes, del olor de los azahares. Disfruto de cada cosa linda que veo y siento en mi día a día, en mi minuto a minuto el cariño y la alegría de mi mascota, las respuestas de mi hijo...

He transformado mi fe, que en algún momento fue sufrida, añorada, deseada, melancólica, a veces también desesperada, en un acto constante de acción de gracias. Cuando la gente me pregunta por qué estoy bien, es por eso, porque no ando en bronca constante con el pasado. Me limito a vivir el presente, que es lo único que en realidad tengo. Valoro cada cosa que tengo o que se presenta como se presenta, al igual que a las personas que se me aparecen, que normalmente son como angelitos de la guarda.

Mis prioridades y mi vida también tienen un foco de atención en el momento presente, en las cosas sencillas, en los valores humanos, en la sensibilidad de las personas con las que por lo general interactúo.

Al transmitir este pensamiento, lo que yo diría es que no hay que tener la muerte en frente para tomar conciencia del valor de la vida.

En el día a día, es bueno ir haciendo el ejercicio de ir teniendo presente todo lo bueno que se nos presenta.

Creo que ese es el mejor legado que se puede dejar a los hijos. Una de las cosas me más me resulta estimulante es ver la capacidad de mi pequeño hijo de vivir el momento presente, de disfrutarlo como le llega. Creo que esta es una cualidad de los niños. Ruego a Dios que sepa mantenerla mientras crezca y cuando sea un hombre mayor. Esta petición la he venido renovando a la Virgen en los distintos sitios de peregrinación que he tenido oportunidad de visitar, justamente para dar gracias, empezando por la Virgen de Chiquinquirá, patrona del país, y la Virgen de Guadalupe, en Ciudad de México, para renovar esa energía positiva que sentí esa primera vez que visité el santuario, en el año 92, cuando trabajaba como asesora del entonces ministro Juan Manuel Santos, hoy Presidente de Colombia, pues en ese viaje de trabajo también me di tiempo para visitar a la Virgen una mañana temprano, antes de empezar la ronda de negociaciones del Grupo de los Tres (Venezuela, Colombia y México). (En esa oportunidad, se trató de conocer; 16 años después, de agradecer el estar viva y con mi hijo). En Francia he estado en dos sitios muy especiales: en París, en la iglesia de la Virgen de la Milagrosa, y en Lourdes, en el santuario. En ambas oportunidades estuve acompañada de mi hijo. En la primera escuchamos los cantos de las hermanas de la congregación, antes de empezar la misa. Se respiraba un ambiente muy especial; a la salida adquirimos medallitas de recuerdo para los amigos, incluso les trajimos al Presidente Uribe y su esposa. En aquella época él aún era candidato. En el santuario estuvimos frente a la gruta donde la Virgen se le apareció a Bernardita. Rezamos el rosario, prendimos velas, renovamos nuestras intenciones de gracias y sembramos esperanzas por los que aún faltan por obtener su libertad. Nunca imaginé ver tantos peregrinos, tantas personas enfermas buscando sanación. Allí visitamos una pariente que es monja dominica y estuvimos en su congregación. En España hicimos en el País Vasco una ruta hermosa: fuimos al santuario de la Virgen de Aránzazu, donde existe un observatorio para la paz. La iglesia es imponente, en lo alto de la montaña, y el silencio que allí reina es impresionante. Fuimos también a la iglesia de la Virgen de Antigua y, finalmente, a la casa de Ignacio de Loyola. En Italia estuve dos veces en Roma, la primera con mi hijo y con mi madre, en la audiencia general que oficia el propio papa en la Plaza de San Pedro. En la segunda ocasión estuve en la audiencia especial en el salón Pablo VI, y en esta oportunidad pude saludar directamente al Santo Padre. En Buga, Valle, estuve muy recién liberada frente al Señor de los Milagros, agradeciéndole estar libre. En esta ocasión fui invitada a un foro de empresarios de Fenalco en Cali. La conferencia que tenía que dar estaba programada para la tarde, de manera que en la mañana alcancé a ir a Buga. Fue emocionante, porque tuve la oportunidad de viajar por carretera, algo que no experimentaba desde hacía muchos años. El paisaje allí es hermoso y en Buga me sentí llegando a mi casa. La gente fue muy cálida, como buenos vallunos que son.

CARIDAD Y AMOR

La Biblia habla de *amor y caridad* como términos semejantes. En la Carta de San Pablo a los Corintios se lee lo siguiente:

1. Aunque ya hubiese hablado todas las lenguas de los hombres y las lenguas de los ángeles mismos, si no tuviera amor y caridad, vengo a ser como un metal que suena, o campana que repica. 2. Y aunque tuviera el don de la profecía, y penetrase todos los misterios, y poseyese todas las ciencias, aunque tuviera toda la fe posible, de manera que trasladase de una parte a otra las montañas, no teniendo amor, no tengo nada. 3. Aunque yo distribuyese todos los bienes para sustento de los pobres, y aunque entregara mi cuerpo a las llamas, si el amor me falta, todo lo dicho no me sirve de nada. 4. El amor es paciente, es dulce y bienhechor, el amor no tiene envidia, no obra

precipitada ni temerariamente, no se ensober-
bece. 5. No es ambicioso, no busca sus intereses,
no se irrita, no piensa mal. 6. No se alegra de la
injusticia, se complace sí en la verdad. 7. A todos
se acomoda, cree todo el bien del prójimo, todo
lo espera y todo lo soporta del todo. 8. El amor
nunca se acaba...

Recuerdo haber leído este aparte de la Biblia con toda
conciencia cuando estaba en cautiverio. Sería como el año
2006, ya me habían separado de mi hijo Emmanuel hacía
muchos meses, me encontraba en un grupo pequeño con
otras personas secuestradas. Por aquella época yo sentía
que hasta mi alma me pesaba. Llevaba mucho tiempo sin
saber de mi hijo, incluso sin tener tampoco mucha cla-
ridad sobre el destino de mi propia existencia. Recientes
negociaciones sobre el acuerdo humanitario se veían
nuevamente frustradas. Me embargaba un dolor intenso
y profundo, difícil de describir. Cuando leí este capítulo
del Nuevo Testamento, lloré de dolor. Sentí que no tenía
a nadie ni a nada, una sensación definitivamente caótica.
Pero cuando me calmé un poco, y volví a leer y releer, me
di cuenta de que yo sí tenía a quién amar. Pensé que yo
sentía un amor inmenso por mi bebé, por mi mamá, que
yo tenía que seguir alimentando este amor, en mi mente
y en mi corazón, que yo tenía razones para sonreír, que
mi bebé era lindo, que yo podría darle los buenos días a
mis compañeros de cautiverio, o al menos a algunos de

ellos cuando me los topaba, así fuera al anochecer, o que tenía razones para dar las buenas noches, y lo empecé a hacer poco a poco y, para mi sorpresa, me di cuenta las más de las veces que la respuesta era positiva, y algo fue cambiando poco a poco e imperceptiblemente. Me costó mucho ser más abierta, pero en mi mente y en mi corazón empecé a pensar que no debería albergar odios de ninguna especie, y menos rencores por nimiedades. Las debería olvidar, pues por lo general eran razones de discordia que ocultaban quizá todo el dolor que cada uno estaba sintiendo, difuso y difícil de explicar, y mucho más difícil de manejar o administrar.

En libertad me han llegado como obsequio muchos libros sobre el tema del amor. No exagero si digo que cientos de libros. Algunos los he leído de principio a fin, otros simplemente los he ojeado, pero he llegado al convencimiento de que el amor es un sentimiento de adentro hacia afuera, que hay que aprender a cultivarlo y abonarlo en nuestro corazón para que crezca. El amor no es solo un sentimiento entre parejas. Para mi sorpresa, y mirando en su historia, es un sentimiento que fue creado, al menos verbalizado como tal, en la Edad Media. Pero el término es amplio, cubre el sentimiento de los padres hacia los hijos y viceversa, el amor de hermanos, de amigos, las relaciones de aprecio y colegaje en el campo laboral, las buenas relaciones y apoyo mutuo entre comunidades, entre muchos.

El amor es un sentimiento que nos mueve. Ningún esfuerzo especialmente importante podría ser posible en ausencia de este maravilloso sentimiento. Y es un sentimiento que se construye y se mantiene diariamente, porque como dice la Biblia: "No teniendo amor, no hay nada…".

RELACIONES HUMANAS
Y GRUPOS DE APOYO

Si el amor es importante, las relaciones humanas también lo son.

Recuerdo haber escuchado de niña a mi padre, gracias al buen humor que siempre lo caracterizó, que cuando veía actitudes indiferentes, simplemente desagradables o descomedidas, se refería a las personas que las adoptaban como nacidas de caracoles, queriendo significar su carencia, pues eran unos pobrecitos que no habían tenido madre.

En el cautiverio recordé sus palabras, pues las más de las veces me tocó lidiar con la dificultad y la tensión, y, por supuesto, con emociones difusas, exacerbadas en grado superlativo. En situaciones críticas todo es más difícil y tiende a tornarse imposible. Pero incluso allá, la clave para poder sobrevivir fue, en parte, el manejo de las relaciones humanas. La propia actitud es la que más cuenta. Si las relaciones son tensas y complicadas, cada persona tiene la capacidad de analizar si la actitud propia ayuda a que esa situación se prolongue, se perpetúe, en un complicado tire y afloje, o si, por el contrario, hay que cambiar de actitud y montarse en el bote y tratar de remar todos hacia un mismo sitio para poder cruzar el caudaloso río. Para afrontar la vida muchas veces hay que formar parte de equipos y aprender a tener tolerancia para saber apreciar las fortalezas de cada uno, sus diversos puntos de vista, o simplemente aprender a escuchar. Es curioso, pero pronto entendí que las personas tienen gran necesidad de ser escuchadas. Además, creo yo, es importante aprender a tener expectativas moderadas de otras personas pues, como dice el dicho, "no se le pueden pedir peras al olmo". En otras ocasiones se nos aparecen personas que, por el contrario, nos deslumbran con su generosidad de alma.

La propia actitud es la que cuenta. Claro, hay momentos en que se requiere *determinación* para afrontar ciertas situaciones, pero hay que tratar de no rayar en la agresividad, la grosería, el maltrato o el atropello, así sea verbal. A veces se van las palabras y quedan las heridas abiertas.

En el cautiverio me tocó vivir la mayor parte del tiempo en un ambiente extremadamente tenso y violento. Hice un esfuerzo personal enorme en muchas situaciones incomprensibles para mí, y por supuesto dolorosas, máxime que yo había sido criada en un ambiente familiar muy tranquilo. De hecho no solo era la menor sino la consentida de la casa. Por otra parte, el ambiente profesional era competitivo, pero había respeto, ni siquiera por equivocación surgía una mala palabra o un grito; eso no figuraba dentro de mi paradigma. Pasar a vivir aquello fue horrible, en todo sentido; incluso me sorprendió la agresividad de ciertas mujeres, para mí algo totalmente fuera de todo límite.

De manera que cuando recobré la libertad, me quedó muy fácil volver a mi ambiente natural de respeto y tranquilidad. Hice un gran esfuerzo de dejar todo lo pasado atrás. Hice bien y me readapté a lo que estaba acostumbrada desde siempre.

De manera que esta es una respuesta más a quienes me preguntan por qué estoy bien: porque me he propuesto mantener solo algunos recuerdos positivos, vivir el presente con el cual estoy comprometida y sembrar para el futuro, que es también el futuro de mi hijo.

Recuerdo una entrevista, quizá la primera que me hicieron en un estudio de televisión en Bogotá[3], apenas solo algunos meses después de estar liberada, a la cual acudí porque los periodistas me hicieron una invitación muy especial. Prácticamente todo el canal me recibió. Me tenían preparado algo lindo, un resumen noticioso de cuando yo no estaba, los avisos diarios en el noticiero clamando por la libertad de mi hijo y la mía, y además el acompañamiento que habían efectuado, en especial a

---

3 Caracol Televisión, *Mesa de Noche*, marzo de 2008.

mi madre. Fue un momento muy conmovedor para mí. Con todo, como buen periodista, Jorge Alfredo Vargas me preguntó si yo me arrepentía de algo.

Por supuesto que me sorprendió la pregunta, pero igual le salí al paso y le respondí:

—Quizá me arrepiento de no haber mantenido en esa adversidad el buen humor.

En definitiva, cuando se está en buena tónica, cualquier cosa que nos digan pasa con facilidad. Por el contrario, cuando se está extremadamente sensible, como en una situación extrema, hasta la simpleza más absurda puede doler de manera infinita, y quizás es posible que pueda pasarle lo mismo a nuestros interlocutores y, en ese caso, ni aun las buenas palabras son bien recibidas.

Valoro en demasía las relaciones humanas y trato de construir y sembrar con el día a día. Por supuesto, la libertad y el reencuentro con ella conlleva nuevos desafíos, y uno de ellos es el manejo de las relaciones humanas. El mayor logro quizás haya sido volverme a reunir durante estos tres años con el mayor número de personas que había conocido antes de ser secuestrada, es decir, durante mis primeros 37 años de vida. Antiguas compañeras y profesoras del colegio, compañeros y profesores de la universidad, colegas de trabajo y de la actividad política y académica, amigos con los cuales había compartido deportes y/o actividades culturales, vecinos, amigos de parranda, familiares lejanos y hasta ex novios, como por arte de magia fueron apareciendo todos. Pero también me he interesado por otro conjunto de personas que me han manifestado su solidaridad, su aprecio y me han querido mantener cerca para construir nuevos vínculos de amistad.

Sin duda, formar parte de uno o varios grupos, llámnese de apoyo, familiar, de afinidades, de amistad, es vital en el proceso de readaptación de cualquier ser humano, justamente porque estar en interacción constante con experiencias diversas airea el ambiente, por supuesto la perspectiva, y permite crear y fortalecer un espacio más agradable.

FUERZA DEL PENSAMIENTO
CONSTRUCTIVO - AUTOIMAGEN

Somos lo que pensamos en cada minuto del día. ¿Cómo es nuestro diálogo interno?

Sería hacia finales de 1990 cuando escuché esta pregunta en una conferencia sobre *neurolingüística*.

El presidente de MacDonald's en Colombia estaba promocionando la franquicia sobre su marca, en aras de motivar a las personas para iniciar nuevos negocios. Básicamente señalaba a los nuevos emprendedores lo importante que era pensar en forma positiva y el impacto de ello en sus utilidades y en los negocios. Por coincidencia, yo asistí a esa conferencia, justo porque el tema anunciado eran los contratos comerciales de moda para implementar nuevos negocios. No era un tema legal propiamente dicho, pero me resultó muy interesante. Me llamó la atención y quizá por ello lo recordaría después de un modo tan vívido, en particular porque aquel hombre hizo referencia al hecho de que los problemas empiezan en la mente humana, por los hábitos tradicionales de pensamiento negativo.

Sin embargo, la buena noticia es que las soluciones también están en esa misma mente, con ejemplos simples, como sustituir las frases: "No puedo" por "Sí puedo", "Es imposible" por "Es posible", y "No tengo tiempo" por "Tengo todo el tiempo disponible". Al parecer, a medida que cada persona decide empezar una programación neurolingüística, los hábitos de pensamiento van cambiando poco a poco, los pensamientos van logrando coherencia con el lenguaje que se emplea a diario y, por supuesto, guardan relación con lo que cada persona resulta haciendo.

Por fortuna he recordado miles de veces estas lecciones de optimismo, al punto que en algún momento empecé a practicar y, con el paso del tiempo, un día cualquiera, amanecí sintiéndome una persona realmente optimista. Esta conferencia, en asocio con otros libros sobre el tema, como *El pensamiento tenaz*, se volvieron mi pan de cada día por un largo período de tiempo, de manera que aprendí, por fortuna, antes de haber sido secuestrada, a pensar positivamente. En síntesis, aprendí a ver el vaso medio lleno de agua, en vez de verlo medio vacío. Sin darme cuenta fui adquiriendo una manera de pensar muy particular que se fue integrando a mi carácter.

Cuando estuve secuestrada vi más gente negativa que nunca antes en toda mi vida. Para mí, ese entorno fue muy difícil. Poco a poco fui entendiendo que no debía polemizar con mis compañeros de cautiverio por cosas tan simples como las que cada uno pudiese pensar al escuchar las noticias (que de suyo no eran buenas en más del 95%). Yo tenía lecturas e interpretaciones diferentes de lo que todos escuchábamos, al punto de que cuando escuché por primera vez la noticia de que sería liberada con mi hijo, la acepté de inmediato como algo posible.

Y debo dar gracias a que se me ocurrió mantener mi mente ocupada con tablas de multiplicar y raíces cuadradas, porque mi marco de flexibilidad mental se amplió.

Una vez nuevamente libre, el desafío consistió en asumir la libertad, entender la *resiliencia* como un concepto propio y no ajeno, y comprender que gracias al pensamiento constructivo que había logrado mantener, podría pronto rehacer mi vida normal, en especial mi capacidad de trabajo.

Creo que el mayor logro ha sido lograr entender que fui víctima, pero que, por la gracia de Dios, ya no lo soy, ni mi hijo lo es tampoco. Hoy en día no somos víctimas de nada.

Y por ello mi presente y mi futuro están en nuestras manos, la mía en particular, y en un futuro, en las manos de mi hijo cuando ya alcance la mayoría de edad. Por supuesto pronto entendí que dependía de mí no sufrir por algo ya pasado, que no dependía de mí, y sobre lo cual no tengo ningún control, justamente porque ya pasó. No puedo modificar nada. Solo tengo el presente en el que sí puedo construir en cada momento. Entender esto, ha sido, repito, el mayor logro humano: la *resiliencia personal*. Por fortuna lo entendí pronto, gracias a Dios.

Poco a poco he ido reconociendo e identificando una serie de sentimientos y emociones cuando se presentan, gracias a que desde muy joven tuve conocimiento de esa información. Aprendí y adquirí quizás una cierta destreza para afrontar la vida, al menos la adversidad, la que me correspondió vivir y superar. Entendí que el pensamiento es una herramienta fundamental, adicional a todas las anteriores, pero fundamental y muy importante, porque allí empieza, se anida y termina todo.

Por eso considero que los pensamientos hay que descubrirlos, identificarlos, discriminarlos, decantarlos, comprenderlos y sustituirlos si encontramos que no aportan nada al proceso de crecimiento y de vida. De manera que uno podría decir que son las creencias las que representan lo que en realidad se es.

Trabajar en el pensamiento no es tarea fácil. El pensamiento tiende a dispersarse, a distraerse. Aprender a concentrarse es toda una disciplina. Mantener un foco ayuda enormemente, al igual que cuando se realiza una rutina de ejercicio físico. Con la mente pasa lo mismo. Hay que hacer rutinas, en particular cuando no se tiene nada que hacer pero sí todo por sufrir, como en el caso del secuestro o en cualquier situación límite. Por ello, confieso que haber hecho el esfuerzo —porque es un esfuerzo como levantar pesas— de haber practicado las tablas de multiplicar y resolver raíces cuadradas me ayudó mucho.

Ya en libertad he procurado airear y nutrir mis pensamientos al grado máximo, pues he tenido múltiples alternativas a mano. No he leído casi ningún libro de personas secuestradas y luego liberadas, no porque no me interesen. Simplemente por salud mental, porque he entendido que mis pensamientos necesitan nuevos estímulos. Recobré pronto mis excelentes hábitos de lectura, y he escogido lecturas variadas, un poco de todo, hasta recetas de cocina, deportes, jardinería y algo que me ha resultado muy motivador: cuentos para niños, en parte porque se los he leído a mi hijo, a quien le encanta que le lea, pero en parte también porque me transportan a situaciones que incluso me llenan de ánimo y nutren mi espíritu, porque de manera usual los cuentos para niños traen algún tipo de enseñanza y mucha fantasía. Me recuerdan constantemente cosas que si bien son importantes para mi hijo, para mí también. Me siento identificada, me dan ganas de ser una mejor persona. A veces, cuando se crece, se piensa que no hay nada nuevo que aprender. Leer estos cuentos me recuerda que siempre hay nuevas cosas por aprender, por recordar, por refrescar, por practicar.

Otra asunto que disfruto enormemente son los dibujos animados y las películas para niños. Me encanta la creatividad, la fotografía, los efectos especiales en tercera dimensión, la música, los personajes, las ocurrencias de los diálogos, tantas cosas lindas que aparecen continuamente y que renuevan la imaginación.

El pensamiento positivo, constructivo y creativo tiene que ver con la autoimagen. ¿Cómo nos vemos a nosotros mismos? ¿Cómo queremos que los demás nos vean? Todo empieza en nuestro pensamiento, con el cuidado que se tenga de uno mismo, que también empieza por lo que se cree, por lo que se logra aprender. Eso incluye, entre otras cosas, las rutinas de salud, los chequeos médicos, la dieta y el ejercicio. Recuerdo que en cautiverio alguna vez llegó esmalte para uñas en la dotación para las mujeres. Me pareció rarísimo, pero lo usé. Me llamó la atención el color dorado con escarcha; parecía más bien como para actrices de cine o de teatro, y para mí fue toda una novedad. Pronto descubrí que en las noches oscuras mis uñas me servían de cocuyos.

El pensamiento es una herramienta vital para la existencia. Me estoy iniciando en el tema, tengo algunas bases, pero aún me falta mucho por aprender, por poner en práctica. Sé que ha habido muchos avances en el estudio del cerebro y en la manera como se piensa. Confieso que me sigue resultando interesante seguir escuchando nuevas formas de pensar y de entender la mente y su funcionamiento.

PONER EN PERSPECTIVA Y ENTENDER
LOS CAMBIOS COMO PARTE DE LA VIDA

"No hay mal que dure cien años ni cuerpo que lo resista". Este dicho popular permite entender que los males llegan, pero de alguna manera pasan, y transcurren más rápido en la medida en que se pone la situación en perspectiva, en la medida en que pueda uno "subir al balcón", como también lo sugieren otros. O simplemente contamos hasta 10, lentamente, para no dejar que la situación abrume en grado máximo.

Incluso las enfermedades terminales. Yo diría que el secuestro es como una enfermedad terminal, en el sentido de que no hay mucho margen de maniobra. Agobia un sentimiento de impotencia enorme. En algunas oportunidades en las selvas donde estuvimos secuestrados teníamos que hacer fila para recibir la comida. Recuerdo haberle comentado a varios que "algún día, cuando recordemos esta situación, hasta nos reiremos de lo ridícula que fue".

Quizás una de las cosas que más me ayudó en su momento fue concebir esa situación dramática y casi traumática como algo pasajero, coyuntural. De alguna manera, aun a pesar del paso de los años, no me llegué a identificar con todo lo que me tocó vivir en su momento. Siempre guardé la esperanza de recobrar mi libertad, de volver con mi familia, de volver a realizar una actividad normal y tener la oportunidad de sacar a mi hijo adelante, en un entorno favorable. Mantuve la perspectiva de lo que yo quería tener, o mejor, de recobrar mi libertad y la posibilidad de volver a hacer mi vida normal.

Por supuesto que mi vida en libertad también ha cambiado, pero esa actitud de ver las cosas en perspectiva me ha permitido hacer lo mismo con las cosas que ahora me ocurren. Recuerdo que recién liberada tenía la prensa encima constantemente. Era un personaje y aún para algunos lo sigo siendo, pero he asumido toda esta situación con humildad. Me costó entender por qué la gente me ve como heroína, si yo no me siento así.

Poco a poco fui entendiendo que mi actitud resultó ser admirada por muchos, quizá por mi prudencia, quizá por mi manera de ser, quizá por haberme liberado además de tanto dolor y resentimiento que hubiese podido sentir por momentos. Por fortuna también entendí pronto que la fama es una cuestión coyuntural. La realidad es que la humildad es buena consejera, y poco a poco entendí que era una situación que en algún momento iba a pasar. Esa actitud más calmada y reposada me ayudó en muchas situaciones en las que normalmente es fácil perder el norte o, mejor, el polo a tierra.

Mantener el propósito y el foco en lo que me había propuesto me han ayudado a mantener el norte. Me propuse recobrar mi vida normal y, en términos generales, lo he logrado, después de casi seis años de secuestro y tres años de haber recobrado mi libertad.

La experiencia de vida que tuve me enseñó cosas o, mejor, de la experiencia que tuve que afrontar aprendí cosas. Maduré como ser humano, como mujer, como madre, incluso como profesional. Me aventuré en un nuevo terreno que es este de escribir libros y dar conferencias, y voy saliendo a flote. Me atreví a cambiar de actividad, cosa que años atrás y después de haberle invertido tanto a mi carrera como abogada, sin duda hubiese sido un imposible en condiciones normales. En suma, he ido aprendiendo poco a poco a aceptar los cambios como parte de la vida, a entender que todos los días vuelve a amanecer y sigue saliendo el sol, a pesar de unos cuantos nubarrones.

A MANERA DE CONCLUSIÓN

No he querido seguir enunciando y comentando herramientas del "*kit* de carretera" imaginario, pues sería muy pesado. Los expertos recomiendan viajar con equipaje ligero, porque la maleta no cerraría y quedaría sobrecargada. Además, es bueno dejar espacio para herramientas o cosas que podamos adquirir o encontrar por el camino.

Las herramientas que he anotado en capítulos anteriores son las que considero que hay que tener a mano para afrontar la vida.

No es fácil dar consejos y confieso que esa no ha sido la idea al escribir este libro. Simple y humildemente el objetivo ha sido tratar de transmitir un conjunto de ideas que, puestas en práctica, puedo dar fe de que en realidad funcionan; si no fuese así, no estaría viva ni hubiese podido escribir este libro para contar la historia.

Haciendo un breve resumen, confieso que muchas cosas me han ayudado, pero que en su momento lo que más me ayudó a entender lo que significaba el concepto de *resiliencia personal* fue haber escrito mi primer libro: *Cautiva*. Al tener que escribirlo tuve que reflexionar y poner en blanco y negro lo que me había ocurrido. Al hacerlo público, tuve el desafío adicional de que el relato resultara interesante para los lectores. Para lograrlo he confesado que pensé en mi hijo Emmanuel. Lo escribí para cuando él pudiese leer y entender, y con él las personas de su generación y las generaciones futuras.

Sin duda, el ejercicio valió la pena, me permitió alcanzar a pensar y a sentir que incluso podía perdonar, y eso fue lo que más me ayudó a avanzar hacia delante de manera más fluida, al punto de generar espacio para pasar la página y comenzar de nuevo, como lo he narrado en este libro. En suma, *me reinventé* con un sentimiento renovado de amor enorme por mí misma, por los más cercanos, por mi entorno. Igualmente, se trata de tener confianza en mí misma y la seguridad de contar con la capacidad para poder seguir viviendo con alegría, con entrega, con pasión.

Tratar de ser feliz es, en suma, el mayor desafío de un ser humano en la actualidad. De manera que de qué vale la libertad, si no somos felices. La conciencia sobre la capacidad para lograr la *resiliencia personal* me ha permitido encontrar nuevamente la libertad, esta vez la emocional, y por eso me siento tranquila y serena con lo vivido, y por sobre todo, con lo superado.

Chía, Colombia, 14 de febrero de 2011

CLARA ROJAS EN IMÁGENES

Revista *María*, 10 de mayo de 2009.

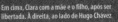

Em cima, Clara com a mãe e o filho, após ser libertada. À direita, ao lado de Hugo Chávez.

"Dou graças a Deus por tudo o que tenho"

na liberdade e reencontrar-me com o meu filho foi um motor que permitiu manter-me em alerta. E foi isso que me salvou a vida.

Tentou fugir várias vezes com a Ingrid

Hoje não, mas também não tenho ressentimentos. O importante é que ela está livre, viva e a fazer o que lhe apetece. O mais importante para mim é a minha família, o meu filho e es-

"Houve

ele quiser, me pergunte. Isso é o mais importante.

O Emannuel alguma vez perguntou pelo pai?

Não, o que ele me disse é que entende que o pai e a mãe sou eu. Ainda no outro dia, havia uma reunião de pais

Archivo Particular, Clara Rojas.

Portada Revista *Vista*, mayo
2008 www.vistamagazine.com

Periódico *El Tiempo*,
lunes 14 de enero de 2008
(Instituto Colombiano de
Bienestar Familiar).

EN EL AEROPUERTO de Maiquetía, en Caracas, se realizó por fin el encuentro de Clara de Rojas con su hija liberada. Besos y abrazos se repitieron en medio de la alegría.

De regreso a la vida

Periódico *El Tiempo*, lunes 11 de enero de 2008.

Periódico *El Tiempo*, miércoles 23 de enero de 2008.

Cartas de supervivencia provocan indignación

El coronel Mendieta ha sufrido de paludismo, leishmaniasis y la parálisis de sus piernas. "Me volvieron a colocar cadenas en el cuello, atado a un palo, cuando hacía ahora empezaba la convalecencia", cuenta.

En una cajita de girasoles, María Teresa, la esposa del coronel Luis Mendieta, guarda las cartas y pruebas de vida que le envía su compañero desde la selva, la misma que lentamente consume su vida desde hace 9 años y dos meses, cuando fue secuestrado por las Farc.

En ese mismo espacio reposa la última carta que llegó y que ha despertado una ola de indignación en todo el país. "No es el dolor físico el que me define -escribe el oficial-, ni las cadenas en mi cuello lo que me atormenta, sino la agonía mental, la maldad del malo y la y la indiferencia del bueno, como si no valiéramos, como si no existiéramos".

La misiva también abarcó el momento más crítico que ha tenido que vivir, cuando sus piernas se paralizaron y debió arrastrarse por el suelo so...

A su arribo de Costa Rica, el presidente Uribe se reunió con Clara Rojas y su hijo Emmanuel, el mismo que...

Periódico *El Tiempo*, miércoles 16 de enero de 2008.

CLARA ROJAS
Colombiana lança em Lisboa
livro sobre o seu cativeiro

A colombiana **Clara Rojas**,
que esteve refém das Forças
Armadas Revolucionárias da
Colômbia (FARC) durante seis
anos, veio pela primeira vez a
Lisboa para o lançamento do
livro que escreveu sobre o tempo
que passou em cativeiro.
A advogada apresentou
Memórias do Meu Cativeiro,
na fundação criada por **Mário
Soares** (ao lado), e a sala
foi pequena para receber os
convidados, entre os quais
João Soares e a mulher, **Annick
Burhenne** (em cima), curiosos
por conhecer de perto a autora,
que partilha no livro a sua trágica
experiência.

Revista *Caras Noticias*
(Portugal). Fotografía de
Victor Freitas.

Periódico *Diário de Noticias*, 18 de abril de 2008.

Los rostros de Clara Rojas durante la entrevista con reporteros de La Prensa. / La Prensa

Roxana de la Riva
La Prensa

Ahora estoy feliz... con mi hijo". Clara Rojas sonríe mientras hace esta afirmación. "Trato de acostumbrarme a la normalidad, como ir con mi hijo a ver el Ratón a Disneyworld". Recuerda con nostalgia los viajes que realizó en la infancia con su padre.

La normalidad es importante para Clara. Hace apenas 47 días fue liberada por la guerrilla de las Fuerzas Armadas Revolucionarias de Colombia (FARC) y transportada a Venezuela después de pasar seis años como rehén en la selva colombiana, donde se calcula que hay otros 700 rehenes.

"Fue difícil, muy difícil", dice Clara durante una entrevista exclusiva con La Prensa en su corta visita a Orlando. "Edificios, carreteras, la gente que va a trabajar, gente despreocupada... todo me parece nuevo".

¿Cómo era un día "normal" en la selva?

Queda pensativa y continúa. "Cuando estábamos varios días en un campamento permanente, nos levantamos muy temprano, a las 4 de la mañana, listos para la hora del desayuno que es entre las 6 y 8 de la mañana".

La dieta como rehén. Todos los días una arepa, "eso los colombianos no lo podemos dejar", a veces sopa, todos los días arroz, un día con frijol, otro con lenteja y arroz con spaguetti, "allí aprendí a comer esa combinación". Nada de carne porque

Entrevista exclusiva con...

Clara Rojas

'Ahora soy feliz'

Periódico *La prensa*, 28 de febrero al 5 de marzo de 2008.

"Um dia ainda bebemos um café e será espectacular"

Clara Rojas, ex-refém das FARC, não recusa um possível reencontro com Ingrid Betancourt

Periódico *Metro*, 24-26 abril de 2009.